Coleção Eu gosto m@is

CÉLIA PASSOS
Cursou Pedagogia na Faculdade de Ciências Humanas de Olinda – PE, com licenciaturas em Educação Especial e Orientação Educacional. Professora do Ensino Fundamental e Médio (Magistério) e coordenadora escolar de 1978 a 1990.

ZENEIDE SILVA
Cursou Pedagogia na Universidade Católica de Pernambuco, com licenciatura em Supervisão Escolar. Pós-graduada em Literatura Infantil. Mestra em Formação de Educador pela Universidade Isla, Vila de Nova Gaia, Portugal. Assessora Pedagógica, professora do Ensino Fundamental e supervisora escolar desde 1986.

VOLUME 2
EDUCAÇÃO INFANTIL

4ª edição
São Paulo
2020

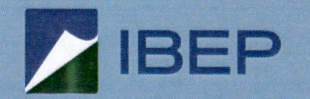

IBEP

LINGUAGEM

Coleção Eu Gosto M@is
Educação Infantil – Linguagem – Volume 2
© IBEP, 2020

Diretor superintendente	Jorge Yunes
Diretora editorial	Célia de Assis
Assessoria pedagógica	Mariana Colossal
Edição e revisão	RAF Editoria e Serviços
Produção editorial	Elza Mizue Hata Fujihara
Assistente de produção gráfica	Marcelo de Paula Ribeiro
Estagiária	Verena Fiesenig
Iconografia	IBEP
Ilustração	Bruna Ishihara, Eunice – Conexão Editorial, Fábio – Imaginário Studio, Gisele B. Libutti, João Anselmo e Izomar
Projeto gráfico e capa	Aline Benitez
Ilustração da capa	Box&dea
Diagramação	Nany Produções Gráficas

4ª edição – São Paulo – 2020
Todos os direitos reservados

CIP-BRASIL. CATALOGAÇÃO NA PUBLICAÇÃO
SINDICATO NACIONAL DOS EDITORES DE LIVROS, RJ

P32e
4. ed.
v. 2

Passos, Célia
  Eu gosto mais : linguagem : educação infantil, volume 2 / Célia Passos, Zeneide Silva. - 4. ed. - São Paulo : IBEP, 2020.
  : il. (Eu gosto m@is ; 1)

  ISBN 978-85-342-4260-8 (aluno)
  ISBN 978-85-342-4261-5 (professor)

  1. Educação infantil. I. Silva, Zeneide. II. Título. III. Série.

20-64420
CDD: 372.21
CDU: 373.2

Leandra Felix da Cruz Candido - Bibliotecária CRB-7/6135
17/05/2020   22/05/2020

IBEP

Rua Gomes de Carvalho, 1306 – 11º andar – Vila Olímpia
São Paulo-SP – 04547-005 – Brasil – Tel.: (11) 2799-7799
www.ibep-nacional.com.br

MENSAGEM AO ALUNO

QUERIDO ALUNO, QUERIDA ALUNA,

QUE MARAVILHA SABER QUE VAMOS TRABALHAR JUNTOS DURANTE TODO ESTE ANO!

A COLEÇÃO **EU GOSTO M@IS** FOI FEITA PARA CRIANÇAS COMO VOCÊ.

ESCREVEMOS ESTE LIVRO COM MUITO CARINHO E ESPERAMOS QUE VOCÊ DESCUBRA E CONHEÇA AINDA MAIS O AMBIENTE EM QUE VIVE.

CUIDE MUITO BEM DO SEU LIVRO. ELE SERÁ SEU COMPANHEIRO NO DIA A DIA.

UM GRANDE ABRAÇO,

AS AUTORAS

SUMÁRIO

CONTEÚDOS	LIÇÕES
Desenho livre	1
Nome	2, 111
Alfabeto	2, 110
Desenvolvimento de habilidades manuais	3, 7, 9
Som inicial	4, 12, 15, 18, 20, 22, 23, 25, 28, 32, 33
Som final	5
Cantiga	3, 11, 14, 19, 24, 30, 34, 47, 50, 56, 65, 70, 73, 76, 79, 88
Adivinha	6, 71, 109
Parlenda	29, 53, 62
Poema/quadrinha	54, 59, 82, 94, 97, 99, 102, 104
Receita	68
Trava-língua	85, 91
Letra A	10, 12, 13, 14, 15, 39
Letra E	16, 17, 18, 19, 20, 39
Letra I	21, 22, 23, 24, 25, 40
Letra O	26, 27, 28, 29, 30, 40
Letra U	31, 32, 33, 34, 35, 40
Vogais	36, 37, 38, 41, 42, 43, 44, 45
Letra B	47, 48, 49
Letra C	50, 51, 52
Letra D	53, 54, 55
Letra F	56, 57, 58

CONTEÚDOS	LIÇÕES
Letra G	59, 60, 61
Letra H	62, 63, 64
Letra J	65, 66, 67
Letra K	68, 69
Letra L	70, 71, 72
Letra M	73, 74, 75
Letra N	76, 77, 78
Letra P	79, 80, 81
Letra Q	82, 83, 84
Letra R	85, 86, 87
Letra S	88, 89, 90
Letra T	91, 92, 93
Letra V	94, 95, 96
Letra W	97, 98
Letra X	99, 100, 101
Letra Y	102, 102
Letra Z	104, 105, 106
Compreensão de texto	11, 48, 51, 54, 57, 60, 63, 66, 69, 71, 74, 77, 80, 83, 86, 89, 92, 95, 98, 100, 105
Sequência de história	8, 46, 107, 108ç
Escrita espontânea	112
Almanaque	PÁGINA 121
Adesivos	PÁGINA 153

LIÇÃO 1

DESENHE VOCÊ.

LIÇÃO 2

CADA PESSOA TEM UM NOME E UM SOBRENOME.
COM A AJUDA DA PROFESSORA, ESCREVA SEU NOME NO CRACHÁ DO ALMANAQUE. PINTE NO ALFABETO A PRIMEIRA LETRA DO SEU NOME.

A	B	C	D	E	F	G	H	I
J	K	L	M	N	O	P	Q	R
S	T	U	V	W	X	Y	Z	

CONTE AOS COLEGAS QUAL É SEU SOBRENOME.

LIÇÃO 3

CANTE E CUBRA O PONTILHADO.

VAMOS CANTAR?

LAGARTA PINTADA

LAGARTA PINTADA
QUEM FOI QUE TE PINTOU?
FOI UMA VELHINHA
QUE POR AQUI PASSOU
NO TEMPO DA ILHA
FAZIA POEIRA
PUXA LAGARTA
A TUA ORELHA.

(DOMÍNIO PÚBLICO)

LIÇÃO 4

A PROFESSORA VAI FALAR O NOME DE CADA FIGURA. OUÇA ATENTAMENTE. CIRCULE AS FIGURAS QUE TÊM O NOME COMEÇADO COMO **BOLA** E **PIÃO**.

| BOLA | BONECA | BAÚ |

| PIÃO | PANELA | PIPOCA |

LIÇÃO 5

A PROFESSORA VAI FALAR O NOME DE CADA FIGURA. OUÇA ATENTAMENTE. MARQUE UM **X** NA FIGURA QUE TEM O NOME TERMINADO COM O MESMO SOM DE **ABELHA** E **PATO**.

ABELHA	ORELHA	MALA	PIRULITO

PATO	TOMATE	GATO	PANELA

LIÇÃO 6

OUÇA A ADIVINHA. DEPOIS, DESENHE O QUE VOCÊ DESCOBRIU.

SOU BRANQUINHO
COMO ALGODÃO
PULO, PULO
SEM PARAR.
ADORO COMER
CENOURAS
QUEM SOU EU?
TENTE ADIVINHAR...

LIÇÃO 7

LIGUE CADA CRIANÇA À SOMBRA CORRESPONDENTE.

LIÇÃO 8

FAÇA UM **X** NA CENA QUE INDICA O COMEÇO DA HISTÓRIA.
FAÇA UM • NA CENA QUE INDICA O FIM DA HISTÓRIA.

LIÇÃO 9

LIGUE AS FIGURAS CORRESPONDENTES.

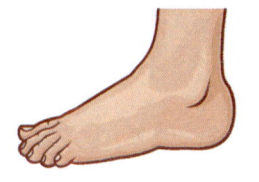

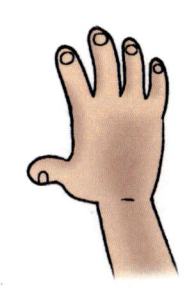

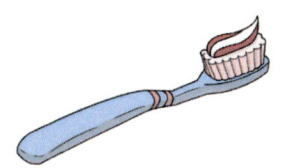

LIÇÃO 10

CUBRA O PONTILHADO DA LETRA **A**.

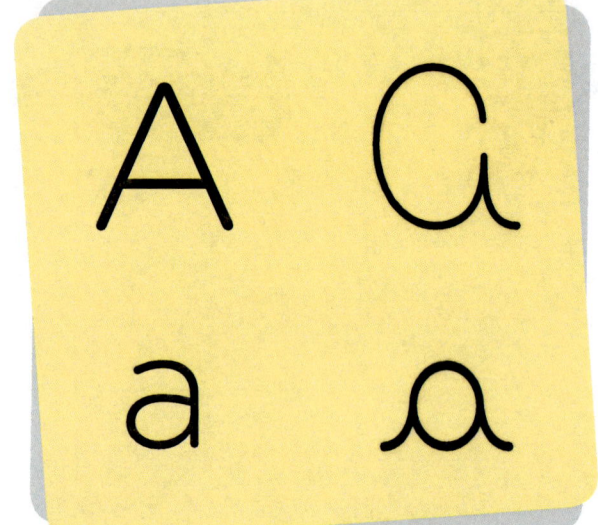

A a
a a

A
ANA

LIÇÃO 11

PINTE A LETRA **A** NAS PALAVRAS DA CANTIGA.
DEPOIS, DESENHE UMA FRUTA CITADA NA CANTIGA.

VAMOS CANTAR?

DA ABÓBORA FAZ MELÃO

DA ABÓBORA, FAZ MELÃO,
DE MELÃO, FAZ MELANCIA.

FAZ DOCE, SINHÁ!
FAZ DOCE, SINHÁ!
FAZ DOCE DE MARACUJÁ.

QUEM QUISER APRENDER A DANÇAR
VÁ NA CASA DO JUQUINHA

ELE PULA.
ELE RODA.
ELE FAZ REQUEBRADINHA.

(DOMÍNIO PÚBLICO)

LIÇÃO 12

PINTE A LETRA **A** DE ACORDO COM A INDICAÇÃO DAS SETAS. OBSERVE O NOME DAS FIGURAS. DEPOIS, CIRCULE AS FIGURAS QUE COMEÇAM COM A LETRA **A**.

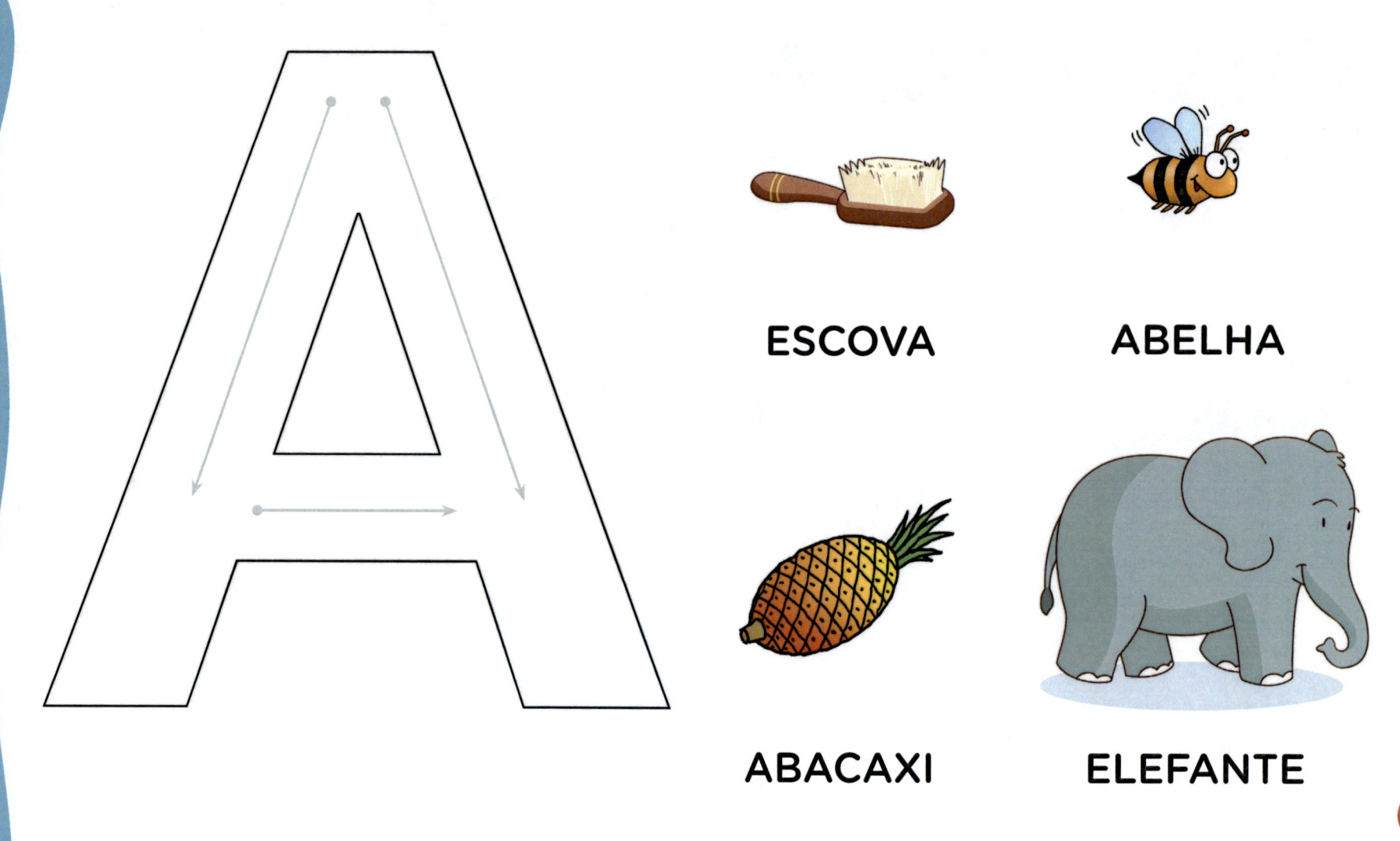

ESCOVA

ABELHA

ABACAXI

ELEFANTE

LIÇÃO 13

OBSERVE O NOME DE CADA FIGURA. DEPOIS, PINTE NO QUADRO A PALAVRA IGUAL.

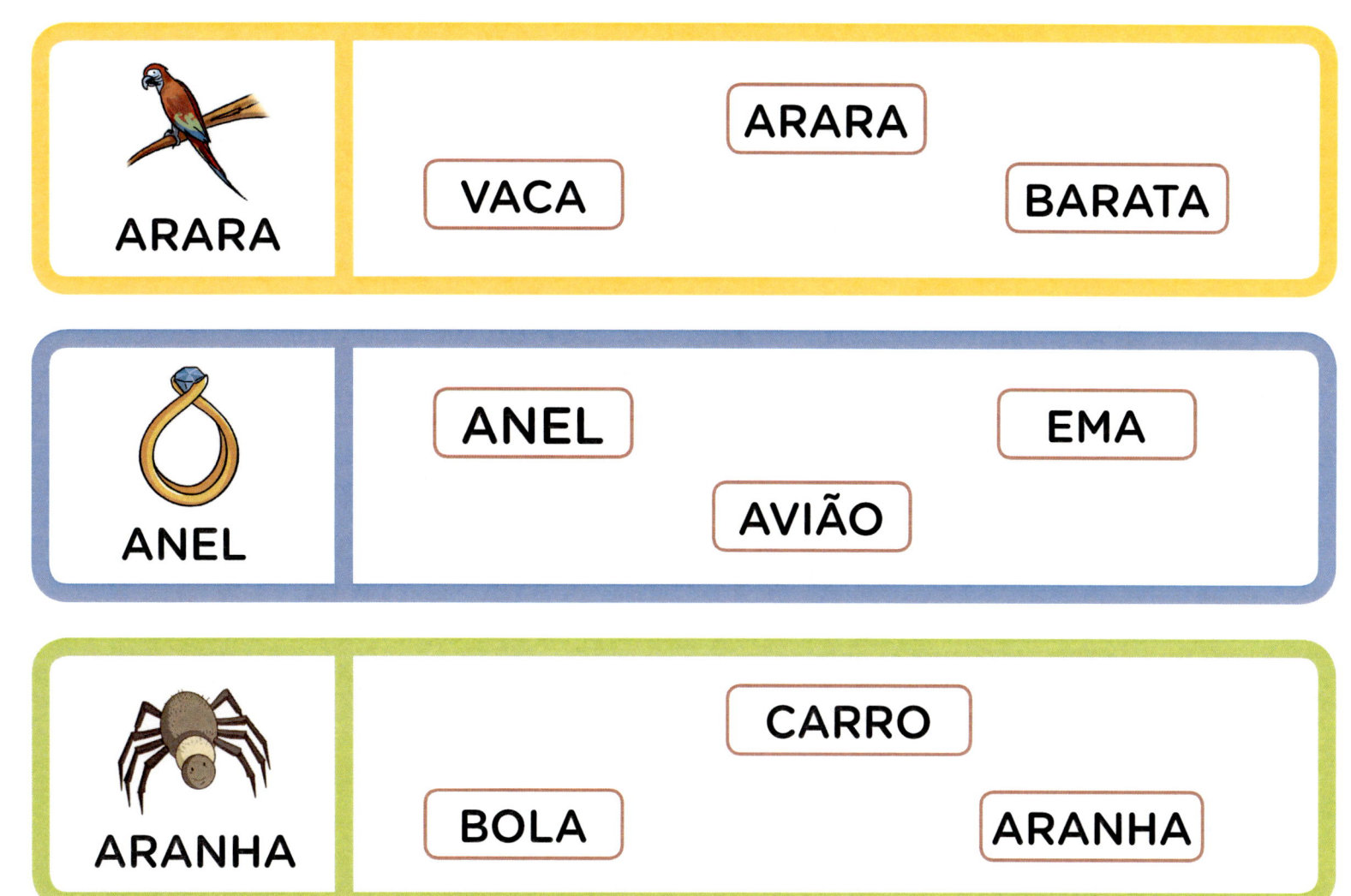

ARARA — VACA | ARARA | BARATA

ANEL — ANEL | AVIÃO | EMA

ARANHA — BOLA | CARRO | ARANHA

LIÇÃO 14

CUBRA O PONTILHADO DA LETRA INICIAL DO NOME DA FIGURA.

aranha

VAMOS CANTAR?

A DONA ARANHA

A DONA ARANHA
SUBIU PELA PAREDE
VEIO A CHUVA FORTE
E A DERRUBOU.

JÁ PASSOU A CHUVA
E O SOL JÁ VEM SURGINDO
E A DONA ARANHA
CONTINUA A SUBIR.

(DOMÍNIO PÚBLICO)

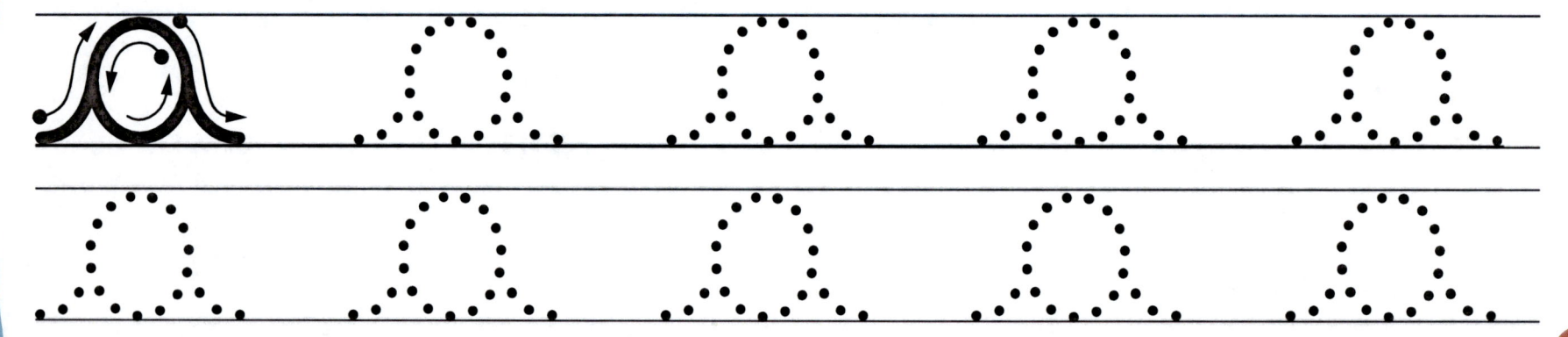

LIÇÃO 15

PINTE AS PLAQUINHAS COM NOMES INICIADOS PELA LETRA **A**.

FOTOS: RAWPIXEL.COM/SHUTTERSTOCK

| ADRIANO | AMANDA | BEATRIZ | ALAN |

LIÇÃO 16

CUBRA O PONTILHADO DA LETRA **E**.

E Ɛ
e ℓ

E
EDUARDO

E E E E E E

LIÇÃO 17

PINTE A LETRA **E** DE ACORDO COM A INDICAÇÃO DAS SETAS. COMPLETE O NOME DE CADA FIGURA COM A LETRA **E**.

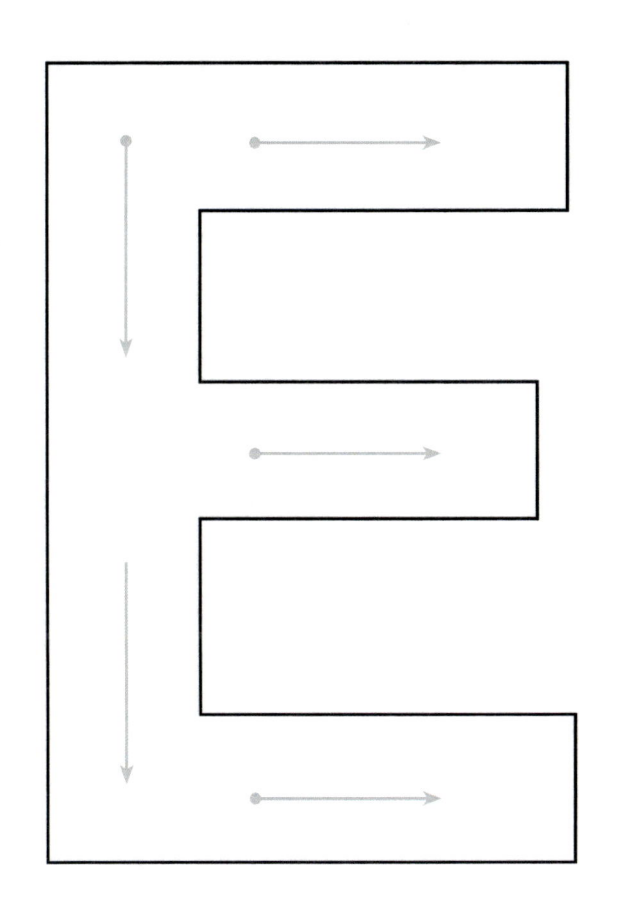

____LEFANTE

____STRELA

____SCOVA

____MA

LIÇÃO 18

A PROFESSORA VAI LER O NOME DAS FIGURAS.
PINTE AS FIGURAS QUE TÊM O NOME INICIADO COM A LETRA **E**.

ELEFANTE    **AVIÃO**    **ABELHA**

APITO    **ARARA**    **EMA**

26

LIÇÃO 19

CUBRA O PONTILHADO DA LETRA INICIAL DO NOME DA FIGURA. COM A AJUDA DA PROFESSORA, COMPLETE OS ESPAÇOS COM A LETRA **E**.

elefante

O __L__FANT__

O __L__FANT__ QU__RIA VOAR.

A MOSCA DISS__:

— VOC__ VAI CAIR!

O __L__FANT__ T__IMOSO VOOU.

VOOU, VOOU __ CAIU.

BUM!

LIÇÃO 20

PINTE AS PLACAS COM NOMES INICIADOS PELA LETRA **E**.

ANA   EMANUEL   ELISA   ÊNIO

LIÇÃO 21

CUBRA O PONTILHADO DA LETRA I.

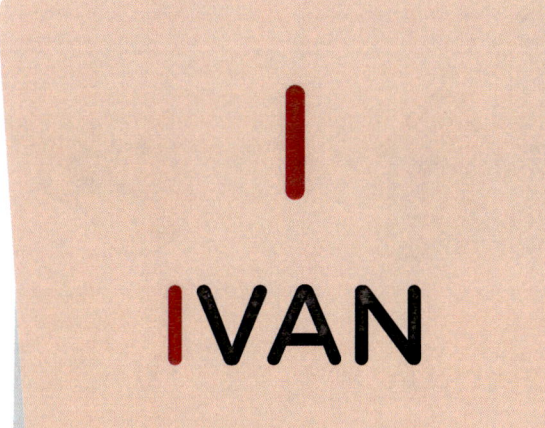

I *I*
i *i*

I
IVAN

LIÇÃO 22

PINTE A LETRA I DE ACORDO COM A INDICAÇÃO DA SETA. CIRCULE SOMENTE AS FIGURAS QUE TÊM O NOME INICIADO PELA LETRA I.

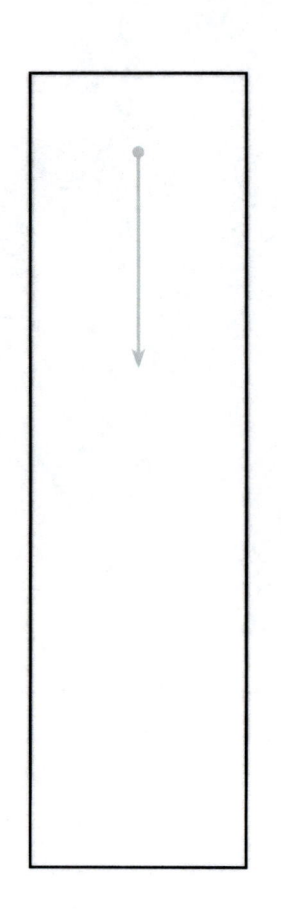

IGREJA	VIOLÃO	INJEÇÃO
PIRULITO	IOIÔ	IGUANA

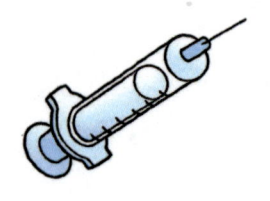

LIÇÃO 23

FALE O NOME DOS DESENHOS. DEPOIS, CIRCULE COM LÁPIS VERMELHO AS FIGURAS QUE TÊM O NOME INICIADO PELO SOM DA LETRA I.

ELEFANTE	ILHA	ABELHA
ÍNDIO	IGREJA	ÍMÃ

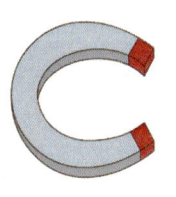

31

LIÇÃO 24

CUBRA O PONTILHADO DA LETRA INICIAL DO NOME DA FIGURA.

RENAN MARTELLI DA ROSA/SHUTTERSTOCK

índio

VAMOS CANTAR?

UM, DOIS, TRÊS INDIOZINHOS
QUATRO, CINCO, SEIS INDIOZINHOS
SETE, OITO, NOVE INDIOZINHOS
DEZ NO PEQUENO BOTE.
IAM NAVEGANDO PELO RIO ABAIXO
QUANDO O JACARÉ SE APROXIMOU
E O PEQUENO BOTE DOS INDIOZINHOS
QUASE, QUASE VIROU.

(DOMÍNIO PÚBLICO)

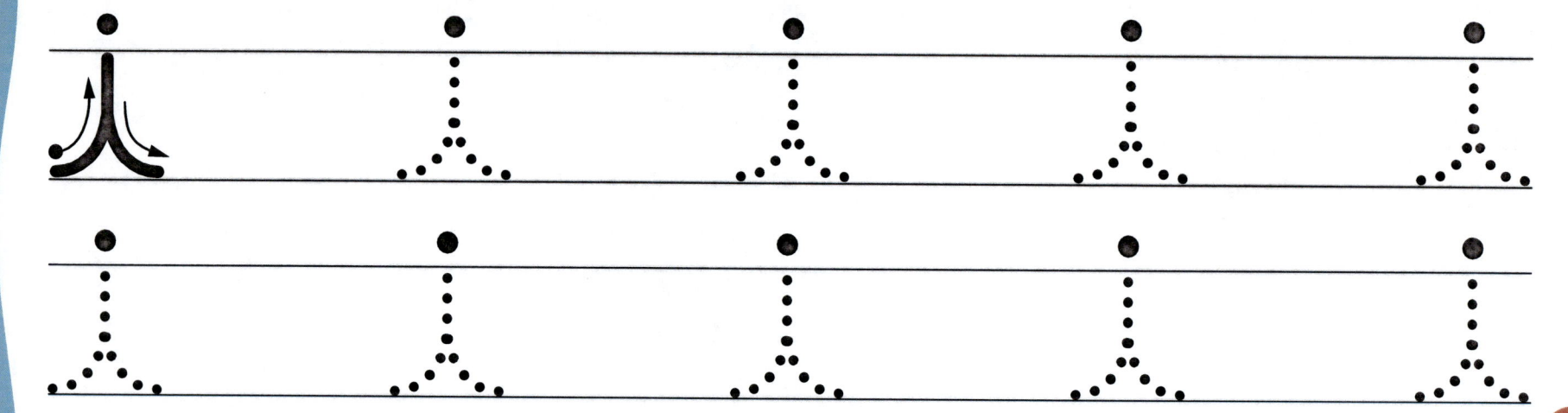

LIÇÃO 25

A PROFESSORA VAI FALAR O NOME DE CADA FIGURA.
CIRCULE AS FIGURAS QUE TÊM O NOME INICIADO COM A LETRA **I**.

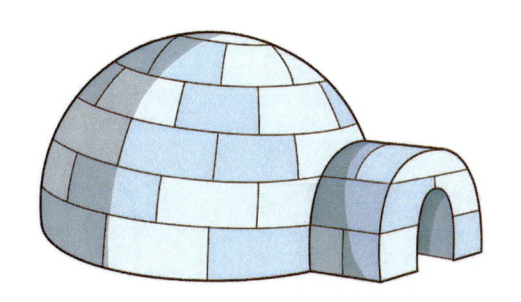

ESCREVA LIVREMENTE AS VOGAIS.

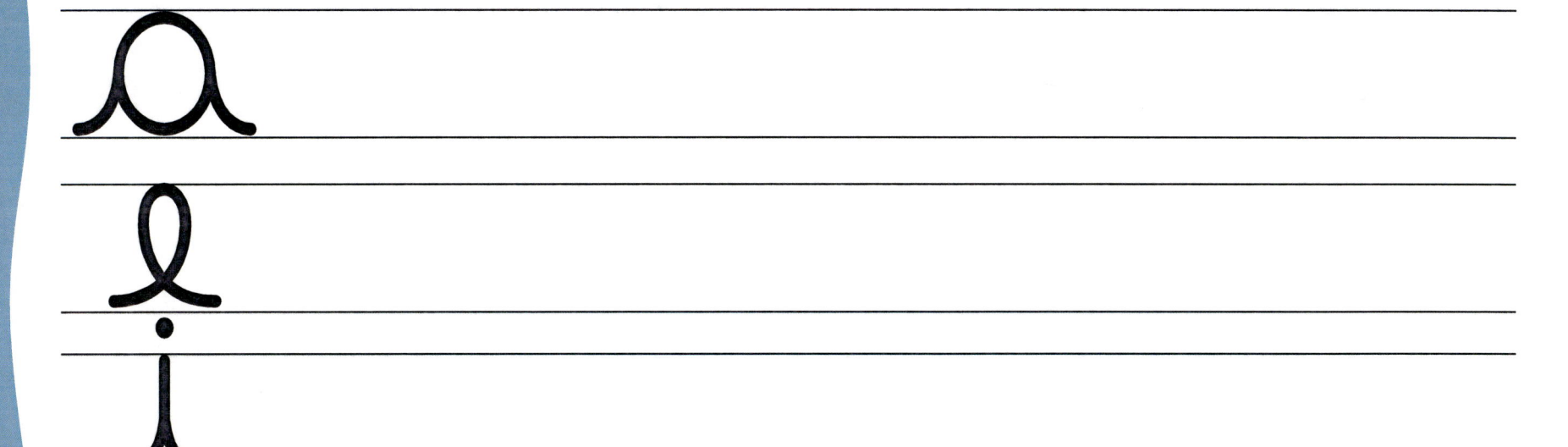

a

e

i

LIÇÃO 26

CUBRA O PONTILHADO DA LETRA **O**.

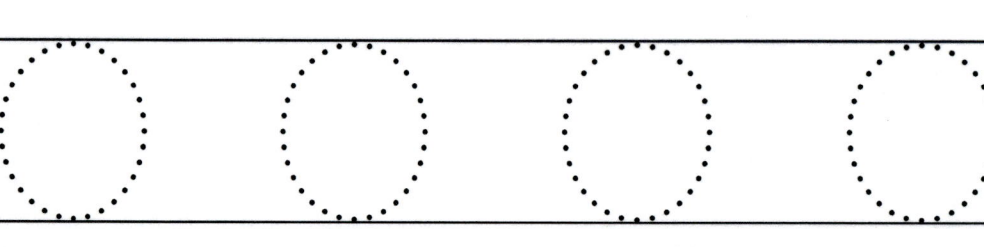

OLÍVIA

LIÇÃO 27

PINTE A LETRA **O** DE ACORDO COM A INDICAÇÃO DAS SETAS.
ESCREVA A PRIMEIRA LETRA DE CADA PALAVRA NOS QUADROS.

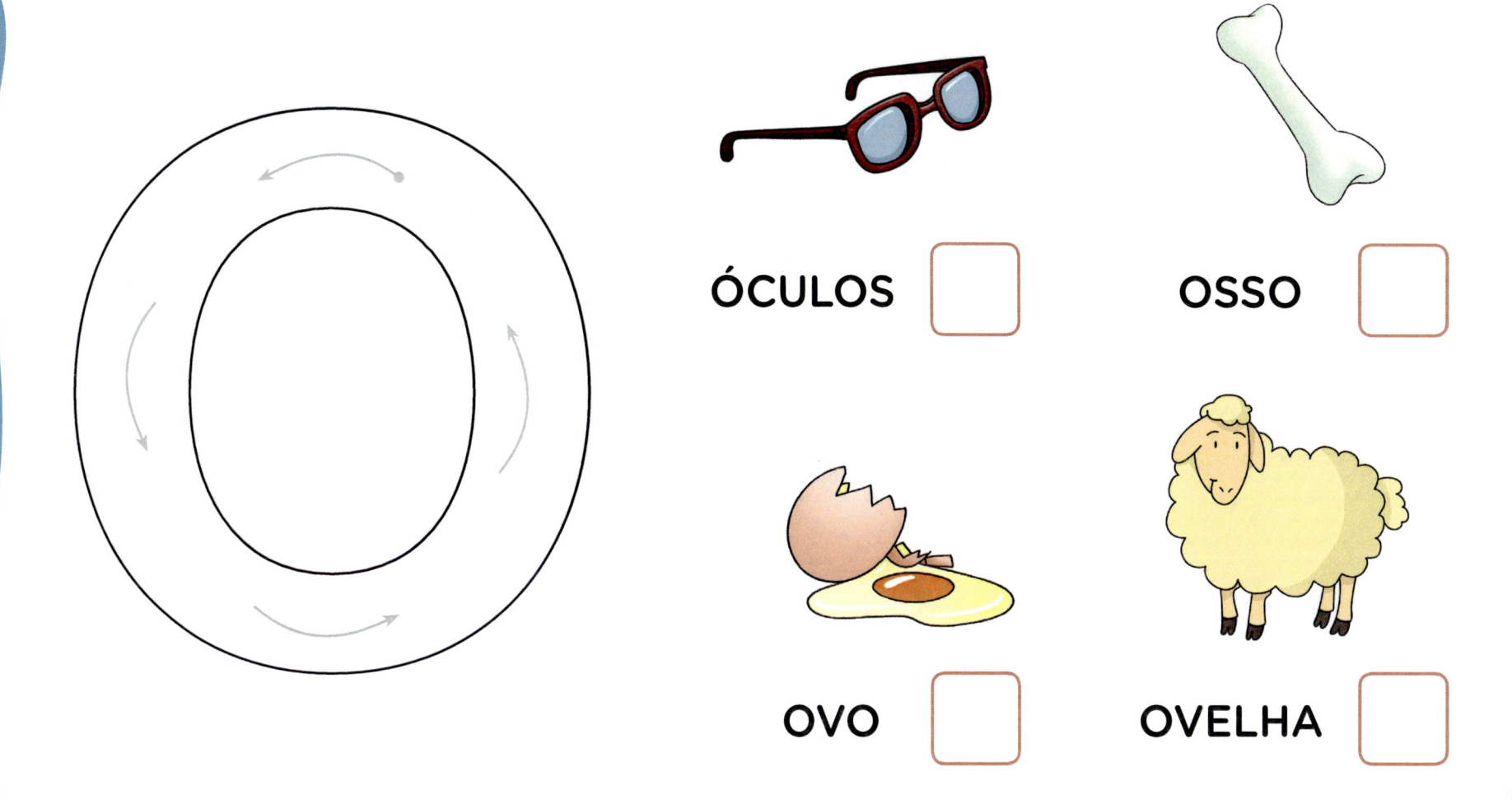

ÓCULOS ☐

OSSO ☐

OVO ☐

OVELHA ☐

LIÇÃO 28

PINTE SOMENTE AS FIGURAS QUE TÊM O NOME INICIADO PELA LETRA **O**.

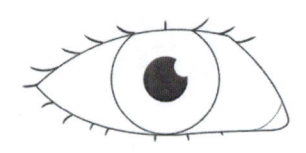

OLHO	ONÇA	OVELHA

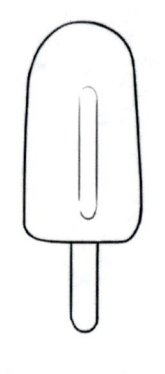

SORVETE	ÔNIBUS	NOVELO

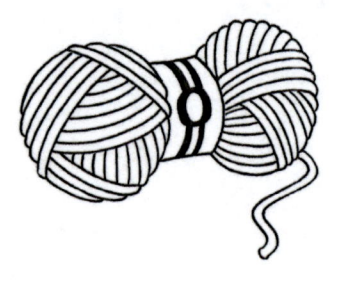

LIÇÃO 29

CUBRA O PONTILHADO DA LETRA INICIAL DO NOME DA FIGURA.
OUÇA A LEITURA DA PARLENDA.

ovo

O OVO CHOCO
ESTÁ RACHADO
QUEM RACHOU
FOI A GALINHA.

POSSO PÔR?
PODE, SEM DEMORA
ANTES QUE O OVO "ESTOURA"
NA PANELA DE AMORA.

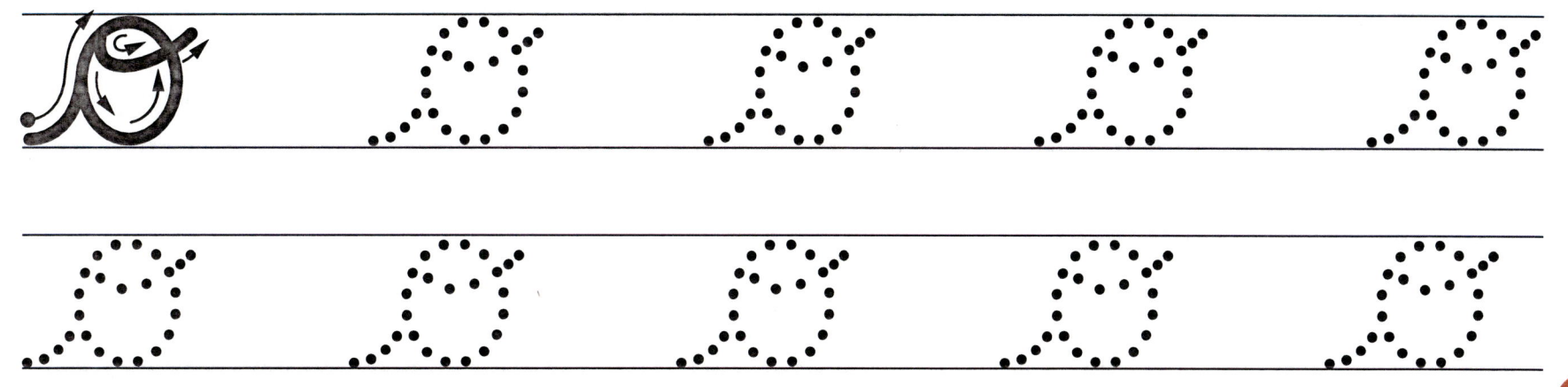

LIÇÃO 30

CANTE COM A PROFESSORA E OS COLEGAS A MÚSICA **MEU PINTINHO AMARELINHO**. PINTE O PINTINHO DA COR QUE ELE TEM.

VAMOS CANTAR?

MEU PINTINHO AMARELINHO
CABE AQUI NA MINHA MÃO,
NA MINHA MÃO.
QUANDO QUER COMER BICHINHO,
COM SEUS PEZINHOS
ELE CISCA O CHÃO.
ELE BATE AS ASAS,
ELE FAZ PIU-PIU,
MAS TEM MUITO MEDO É DO GAVIÃO

(DOMÍNIO PÚBLICO)

PINTE AS VOGAIS **A**, **E**, **I**, **O** DAS SEGUINTES PALAVRAS:

AMARELINHO   BICHINHO   GAVIÃO

LIÇÃO 31

CUBRA O PONTILHADO DA LETRA **U**.

U U
u u

U
ULISSES

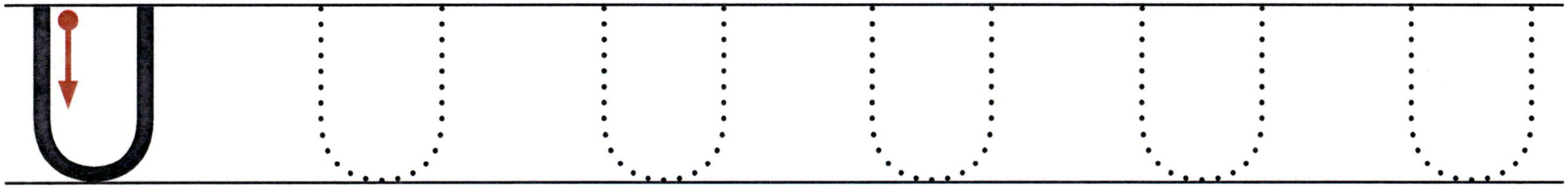

LIÇÃO 32

PINTE A LETRA **U** DE ACORDO COM A INDICAÇÃO DAS SETAS. LIGUE A LETRA **U** ÀS FIGURAS QUE TÊM O NOME INICIADO COM ESSA LETRA.

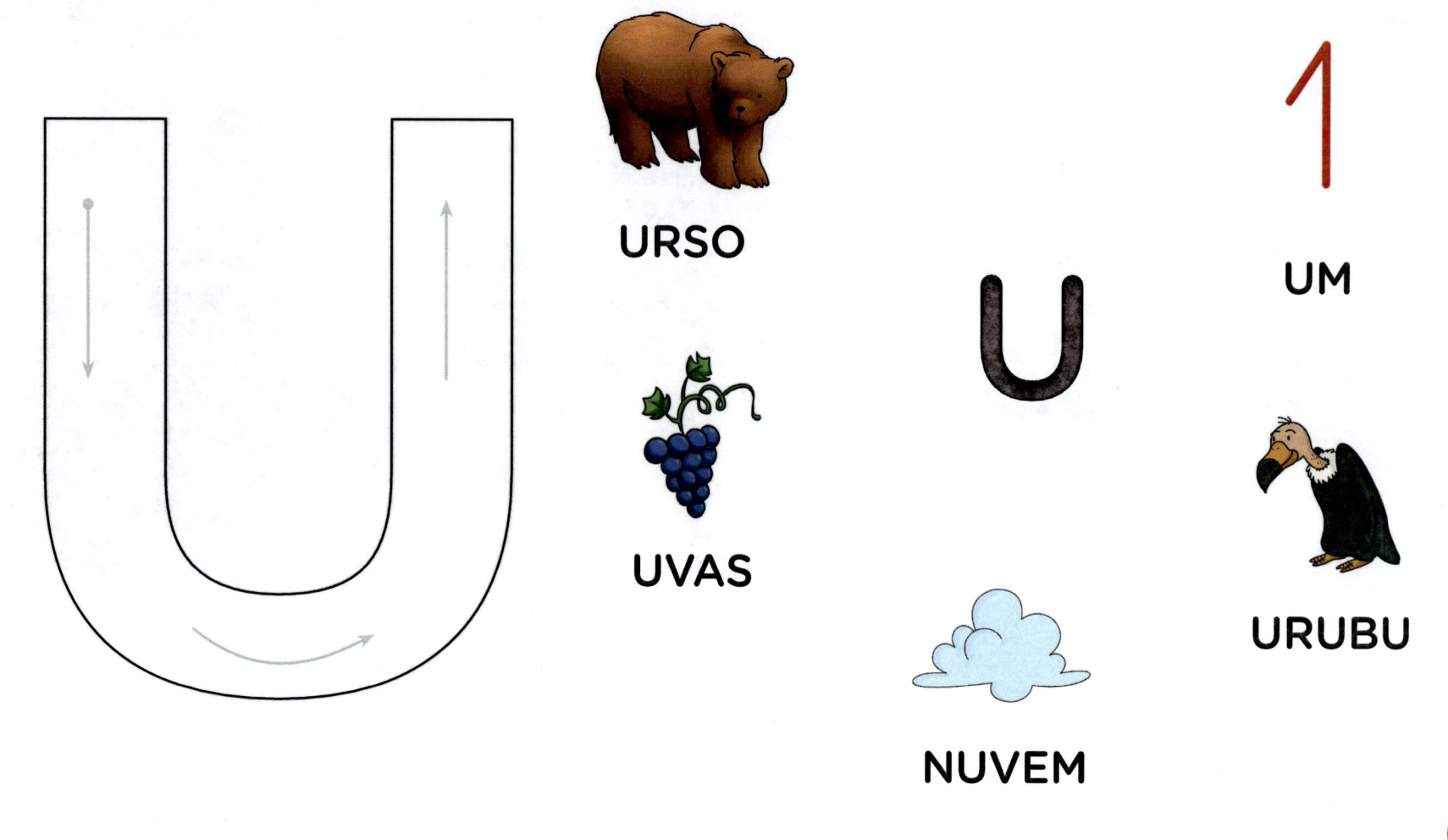

URSO

UVAS

U

UM

NUVEM

URUBU

LIÇÃO 33

MARQUE UM **X** NAS FIGURAS QUE TÊM O NOME INICIADO COM A LETRA **U**.

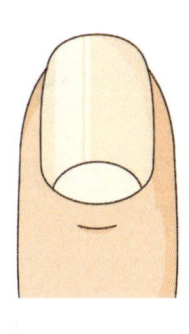

UNHA  APITO  URSO

URUBU  UVAS  UM

LIÇÃO 34

CUBRA O PONTILHADO DA LETRA INICIAL DO NOME DA FIGURA.

urso

VAMOS CANTAR?

U, U, U FAZ O URSINHO
ELE É PELUDO
E BEM BRANQUINHO.

(GERUZA RODRIGUES PINTO)

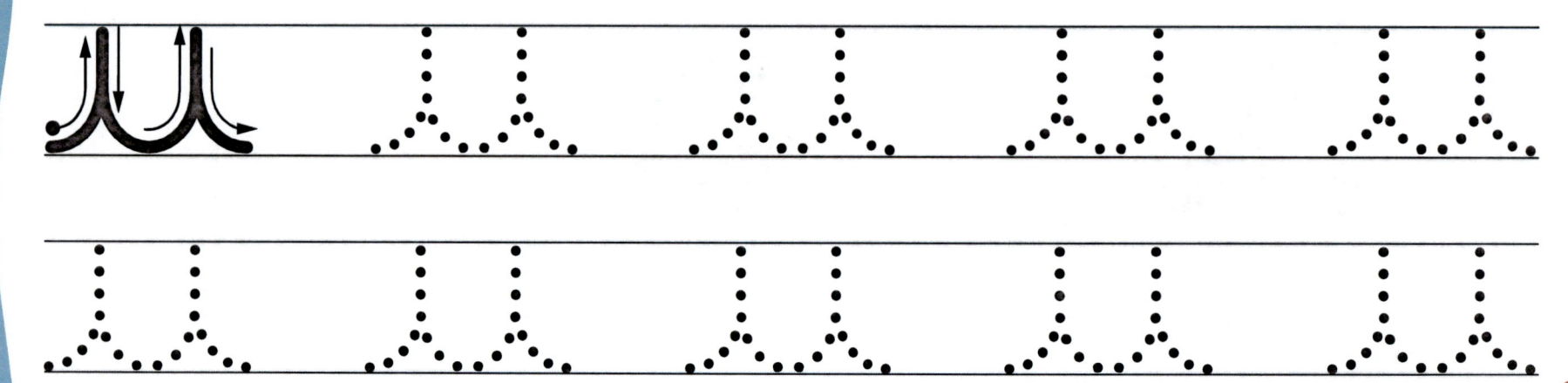

LIÇÃO 35

CONTE E ESCREVA QUANTAS VEZES A VOGAL **U** APARECE EM CADA PALAVRA.

URSO	URUBU	CORUJA
☐	☐	☐

TUCANO	CHUCHU	SUCO
☐	☐	☐

LIÇÃO 36

FALE OS NOMES DAS LETRAS QUE VOCÊ JÁ APRENDEU.

A E I O U

ESTAS LETRAS SÃO CHAMADAS DE **VOGAIS**.

ESCREVA LIVREMENTE AS VOGAIS NO ESPAÇO ABAIXO.

LIÇÃO 37

DESENHE NOS QUADROS FIGURAS CUJOS NOMES COMECEM COM A VOGAL DA ETIQUETA.

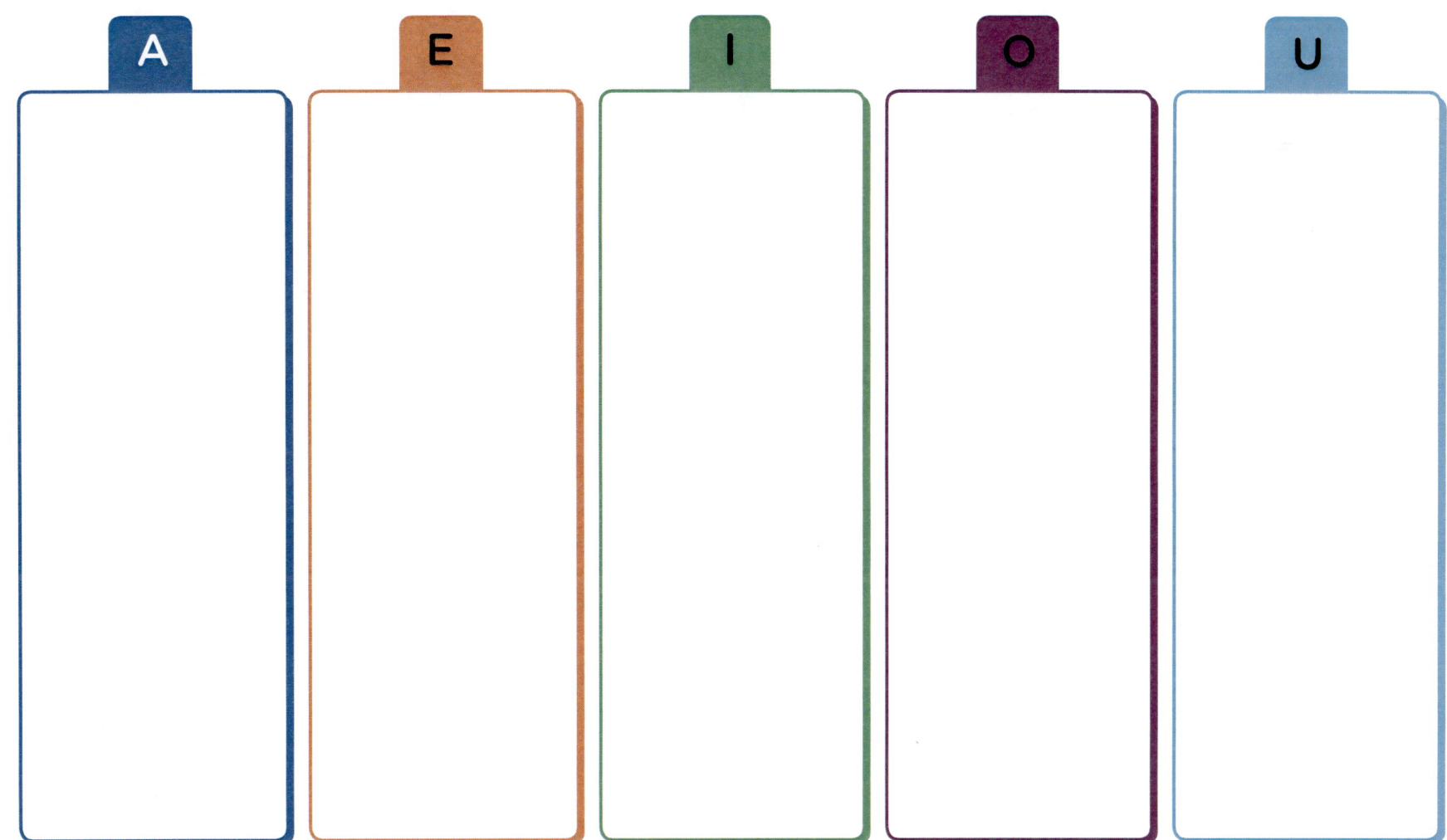

A	E	I	O	U

LIÇÃO 38

ESCREVA NOS QUADROS AS VOGAIS COM AS CORES INDICADAS.

A	E	I	O	U
A				
	E			
		I		
			O	
				U

LIÇÃO 39

A PROFESSORA VAI LER O NOME DAS CRIANÇAS E DAS FIGURAS. PINTE AS FIGURAS QUE COMEÇAM COM A MESMA LETRA DO NOME DAS CRIANÇAS.

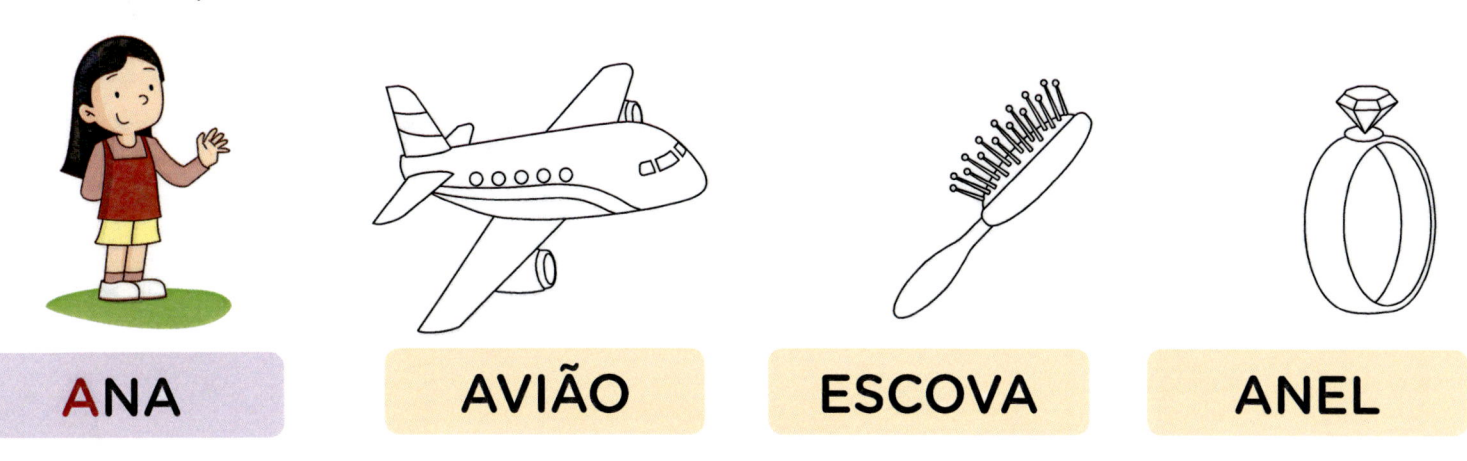

| ANA | AVIÃO | ESCOVA | ANEL |

| EDUARDO | ILHA | ELEFANTE | EMA |

LIÇÃO 40

A PROFESSORA VAI LER O NOME DAS CRIANÇAS E DAS FIGURAS. CIRCULE AS FIGURAS QUE COMEÇAM COM A MESMA LETRA DO NOME DAS CRIANÇAS.

IVAN	IOIÔ	IGUANA	PIRULITO
OLÍVIA	OLHO	ANEL	ÔNIBUS
ULISSES	URUBU	ESCOVA	UNHA

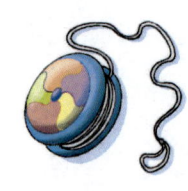

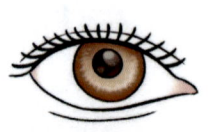

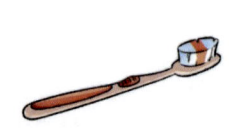

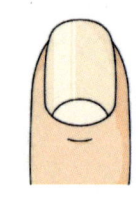

LIÇÃO 41

MONTE O QUEBRA-CABEÇA LIGANDO OS ENCONTROS DE VOGAIS CORRESPONDENTES.

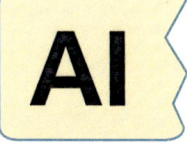

AI	I + A
EU	A + I
IA	E + U
OU	U + I
UI	O + U

LIÇÃO 42

OBSERVE AS CENAS. RETIRE OS ADESIVOS DA PÁGINA 153 COM OS ENCONTROS DE VOGAIS E COLE-OS NOS LOCAIS ADEQUADOS.

LIÇÃO 43

RELACIONE CADA CRIANÇA À PALAVRA QUE TEM O ENCONTRO DE VOGAIS QUE ELA ESTÁ SEGURANDO.

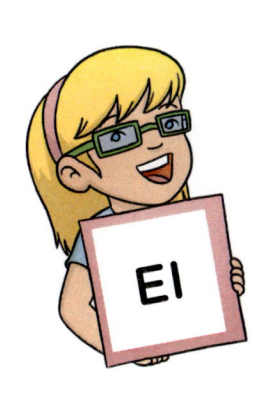

AI   EI   IA   OI   UI

BOI   PAI   FUI   PIA   REI

LIÇÃO 44

ALGUMAS VOGAIS, QUANDO SE JUNTAM, FORMAM PALAVRAS. LIGUE AS PALAVRAS À CENA CORRESPONDENTE E ESCREVA, COM LETRA CURSIVA, NOS QUADROS.

ai   AI

au   AU

oi   OI

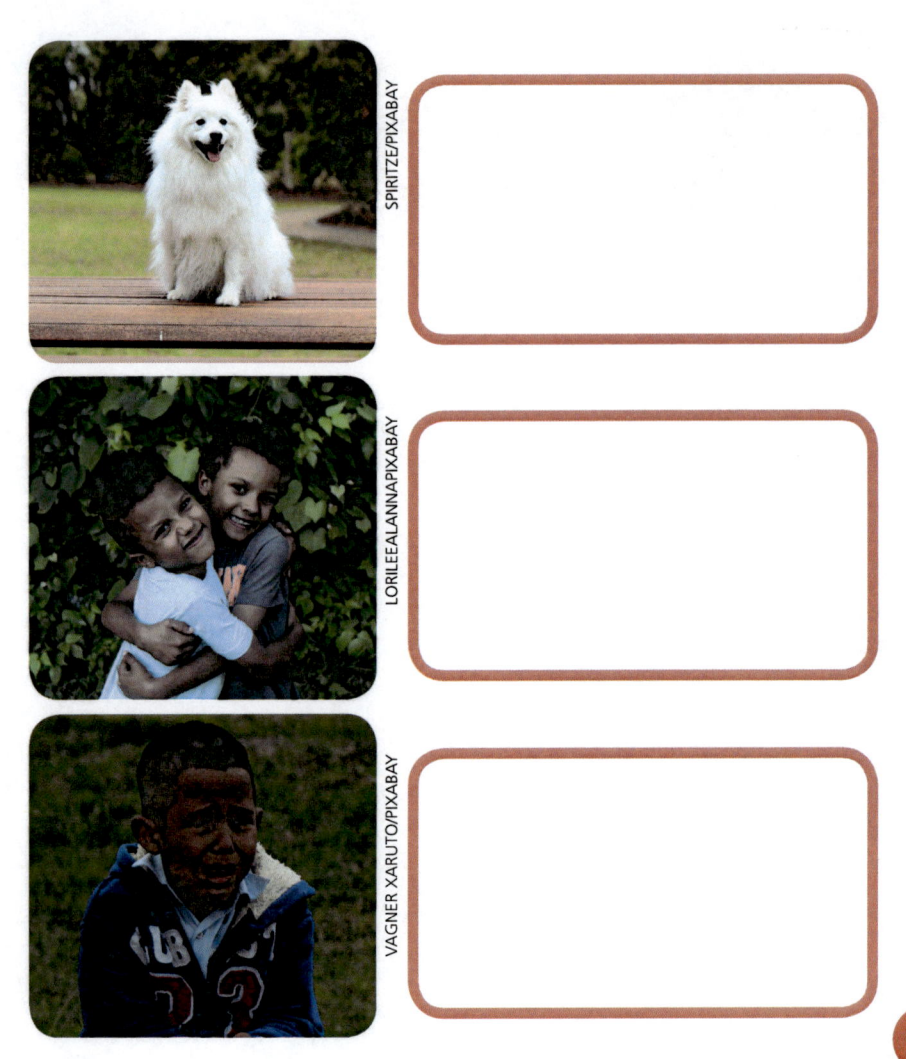

LIÇÃO 45

RECORTE E COLE PALAVRAS COM **AI**, **EI**, **OI**.

LIÇÃO 46

OBSERVE AS CENAS. CRIE UMA HISTÓRIA COM OS COLEGAS. A PROFESSORA VAI ESCREVER.

LIÇÃO 47

CUBRA O PONTILHADO DA LETRA **B**.

B B
b b

B
BORBOLETA

VAMOS CANTAR?

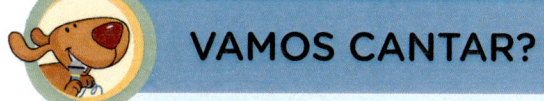

BORBOLETINHA,
TÁ NA COZINHA,
FAZENDO CHOCOLATE
PARA A MADRINHA.
POTI, POTI,
PERNA DE PAU,
OLHO DE VIDRO
E NARIZ DE PICA-PAU
PAU, PAU.

(DOMÍNIO PÚBLICO)

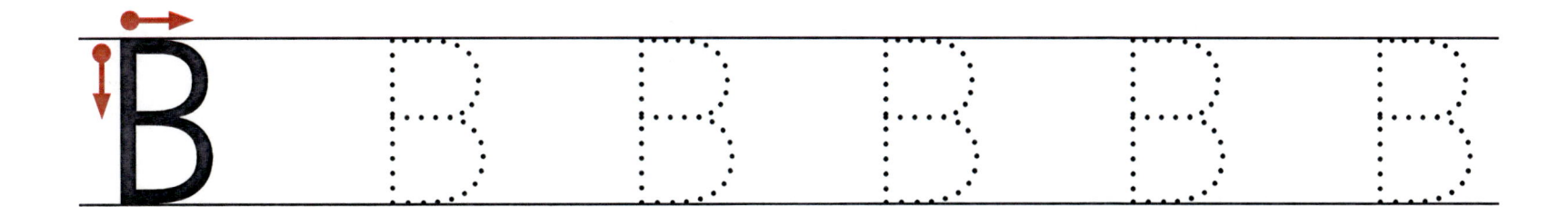

B B B B B B

LIÇÃO 48

PINTE A CENA QUE MOSTRA A BORBOLETINHA NA COZINHA.

CIRCULE AS FIGURAS QUE TÊM O NOME INICIADO COM A LETRA **B**.

LIÇÃO 49

PINTE OS NOMES DAS FIGURAS QUE INICIAM COM A LETRA **B**.

BOLA

AVIÃO

BONECA

BALEIA

BULE

URSO

LIÇÃO 50

CUBRA O PONTILHADO DA LETRA **C**.

C C
C C

C
CÃO

VAMOS CANTAR?

CACHORRINHO ESTÁ LATINDO
LÁ NO FUNDO DO QUINTAL.
FIQUE QUIETO, CACHORRINHO,
DEIXE O MEU BENZINHO ENTRAR.
Ô ESQUINDÔ LÊ, LÊ!
Ô ESQUINDÔ LÊ, LÊ, LÁ, LÁ!
Ô ESQUINDÔ LÊ, LÊ!

(DOMÍNIO PÚBLICO)

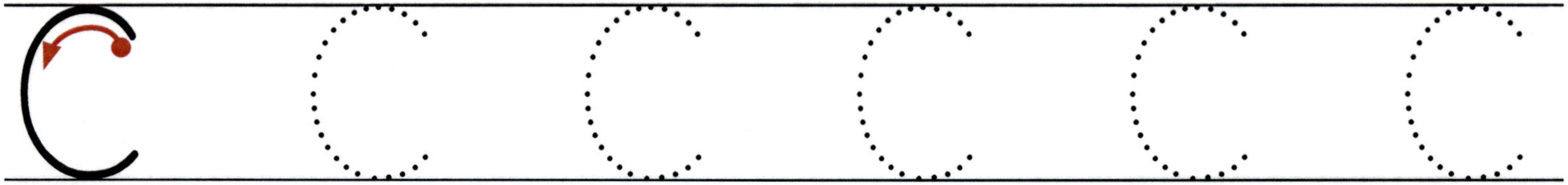

C C C C C C

LIÇÃO 51

PINTE O ANIMAL QUE LATE NO FUNDO DO QUINTAL.

OBSERVE A CASA E CIRCULE O LOCAL ONDE ESTÁ O CACHORRINHO.

PINTE AS FIGURAS QUE TÊM O NOME INICIADO PELA LETRA **C**.

59

LIÇÃO 52

LIGUE AS FIGURAS QUE TÊM O NOME INICIADO PELO MESMO SOM.

CARACOL

CUECA

CUBO

COCO

COPO

CASA

LIÇÃO 53

CUBRA O PONTILHADO DA LETRA **D**.

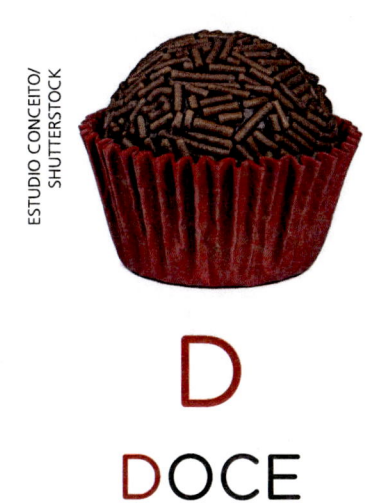

D D
d d

D
DOCE

VAMOS RECITAR?

O DOCE

O DOCE PERGUNTOU PRO DOCE
– QUAL É O DOCE MAIS DOCE?
O DOCE RESPONDEU PRO DOCE
QUE O DOCE MAIS DOCE
É O DOCE DE BATATA-DOCE.

PARLENDA.

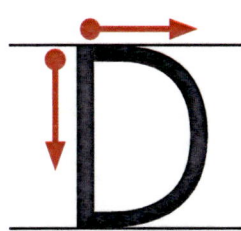

D D D D D D

LIÇÃO 54

A PROFESSORA VAI LER O POEMA.
CIRCULE NO POEMA AS PALAVRAS QUE COMEÇAM COM A LETRA **D**.

DONA DITA

O DENTE DE DITA DÓI.
DEDO, DITA, DADO, DURA.
DONA DITA ESTÁ DODÓI.
VAI USAR A DENTADURA!

PEDRO BANDEIRA. *POR ENQUANTO EU SOU PEQUENO*. SÃO PAULO: MODERNA, 1994.

PINTE O QUE DÓI NA DITA.

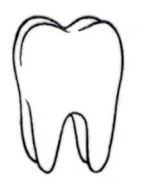

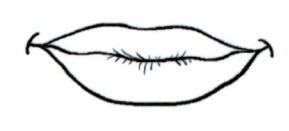

RISQUE O NOME DE QUEM ESTÁ DODÓI.

DADÁ   DETA   DITA

LIÇÃO 55

CIRCULE AS FIGURAS QUE TÊM O NOME INICIADO PELA LETRA **D**.

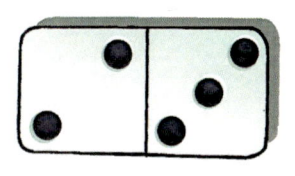

| DOMINÓ | PUDIM | DINOSSAURO | DEDO |

| DOCE |  SUCO | DADO | CADEADO |

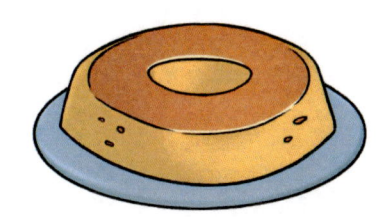

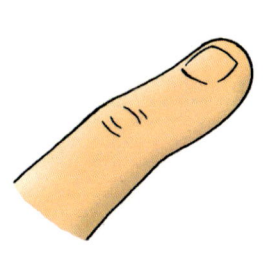

LIÇÃO 56

CUBRA O PONTILHADO DA LETRA **F**.

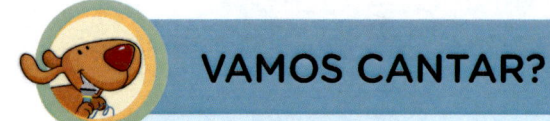

F
FORMIGA

F f
f f

VAMOS CANTAR?

FUI AO MERCADO

FUI AO MERCADO COMPRAR CAFÉ
UMA FORMIGUINHA SUBIU NO MEU PÉ
EU SACUDI, SACUDI, SACUDI
MAS A FORMIGUINHA NÃO PARAVA DE SUBIR.

(DOMÍNIO PÚBLICO)

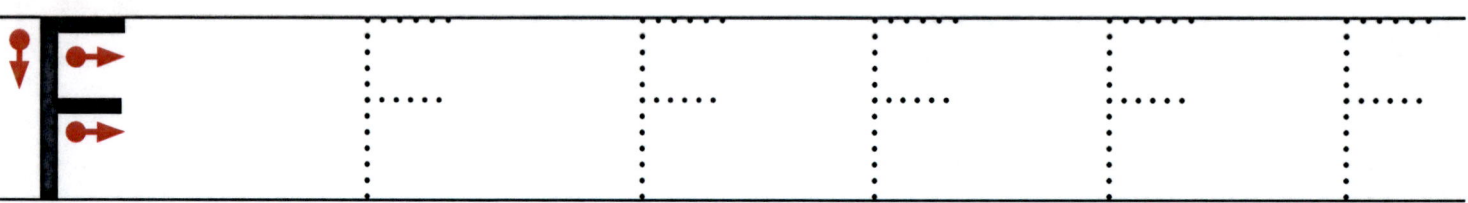

F F F F F F

LIÇÃO 57

CIRCULE O INSETO QUE FAZ PARTE DA CANTIGA **FUI AO MERCADO**.

CIRCULE APENAS O PRODUTO COMPRADO NO MERCADO.

CAFÉ

MELÃO

BATATA-DOCE

ARROZ

LIÇÃO 58

COMPLETE AS PALAVRAS COM A LETRA **F**. DEPOIS, ILUSTRE-AS.

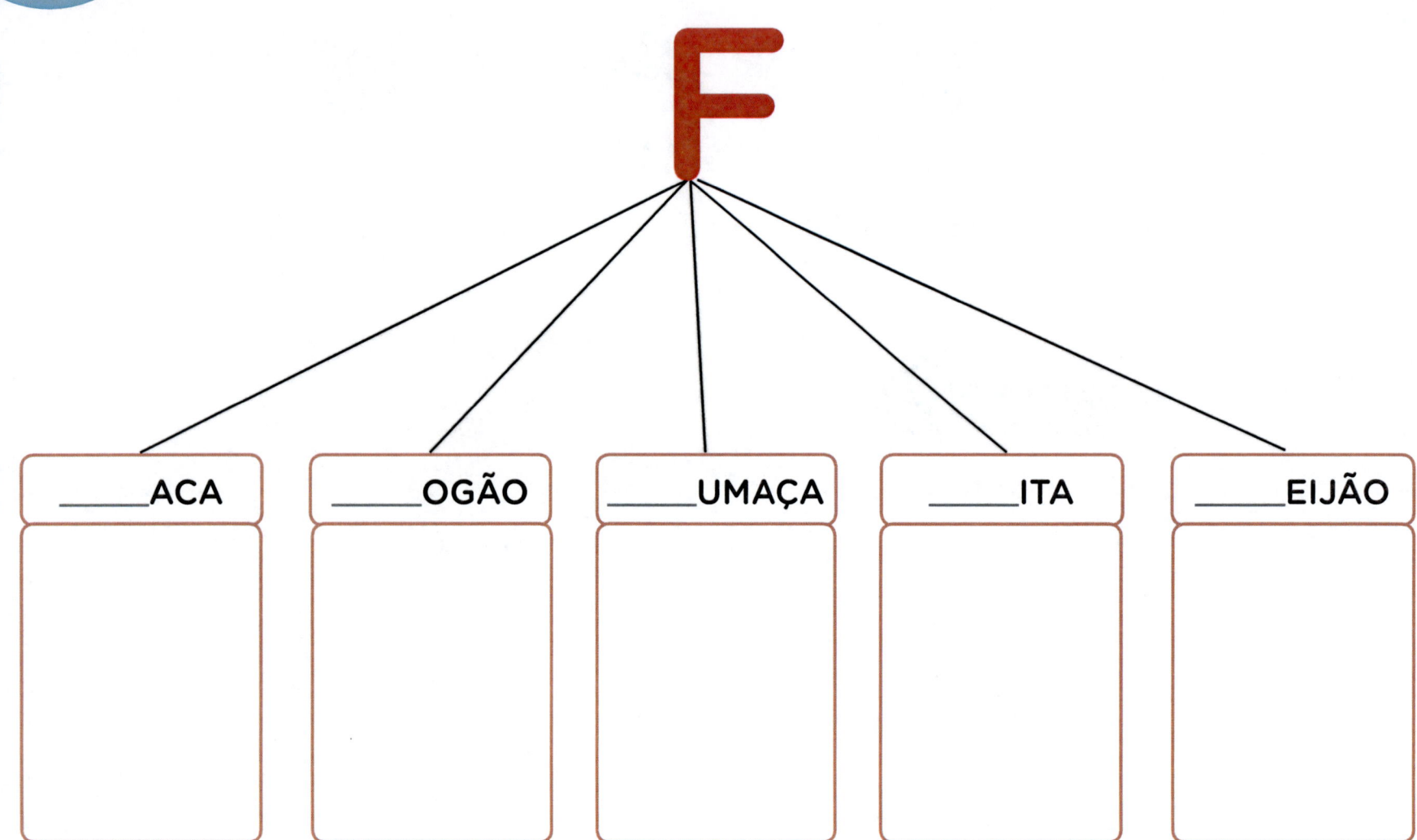

F

| ____ACA | ____OGÃO | ____UMAÇA | ____ITA | ____EIJÃO |

LIÇÃO 59

CUBRA O PONTILHADO DA LETRA **G**.

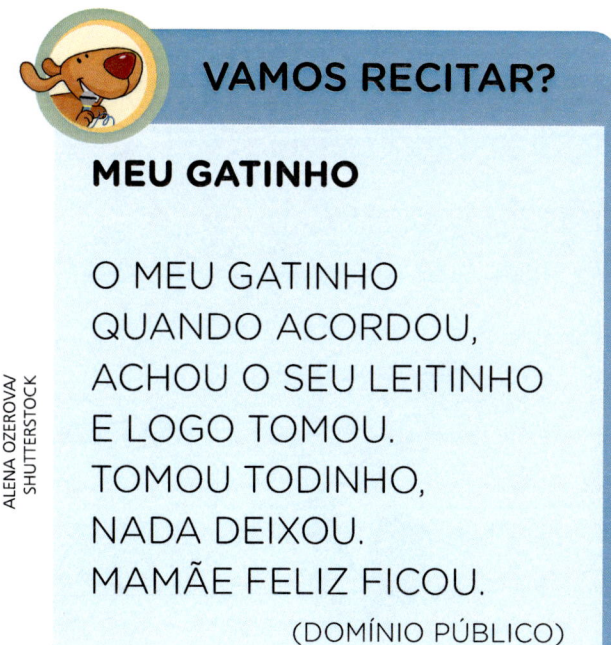

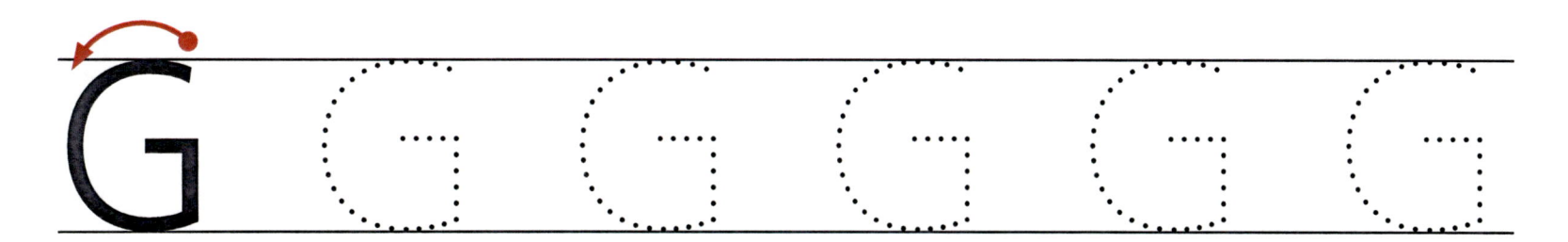

G g

G g

G
GATO

VAMOS RECITAR?

MEU GATINHO

O MEU GATINHO
QUANDO ACORDOU,
ACHOU O SEU LEITINHO
E LOGO TOMOU.
TOMOU TODINHO,
NADA DEIXOU.
MAMÃE FELIZ FICOU.

(DOMÍNIO PÚBLICO)

ALENA OZEROVA/SHUTTERSTOCK

G G G G G G

LIÇÃO 60

CIRCULE O QUE O GATINHO TOMOU QUANDO ACORDOU.

LIGUE AS FIGURAS QUE TÊM O NOME INICIADO PELO MESMO SOM.

GALO

GUTO

GORILA

GATO

GUDE

GOTA

LIÇÃO 61

MARQUE COM UM TRAÇO AS LETRAS **G** DAS PALAVRAS.
DEPOIS, PINTE AS FIGURAS QUE TÊM A LETRA **G** NO NOME.

GALINHA	FOGO	DADO
GARRAFA	COGUMELO	GOLEIRO
GOLA	CABRA	GUSTAVO

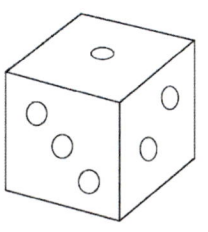

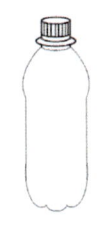

LIÇÃO 62

CUBRA O PONTILHADO DA LETRA **H**.

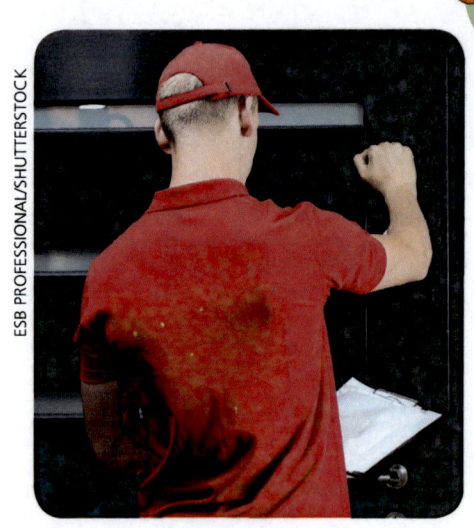

H h *H* *h*

H
HOMEM

VAMOS RECITAR?

UM HOMEM BATEU
EM MINHA PORTA
E EU ABRI.
SENHORAS E SENHORES,
COLOQUEM A MÃO NO CHÃO.

SENHORAS E SENHORES,
PULEM DE UM PÉ SÓ.

SENHORAS E SENHORES,
DEEM UMA RODADINHA.
E VAMOS BRINCAR!

(DOMÍNIO PÚBLICO)

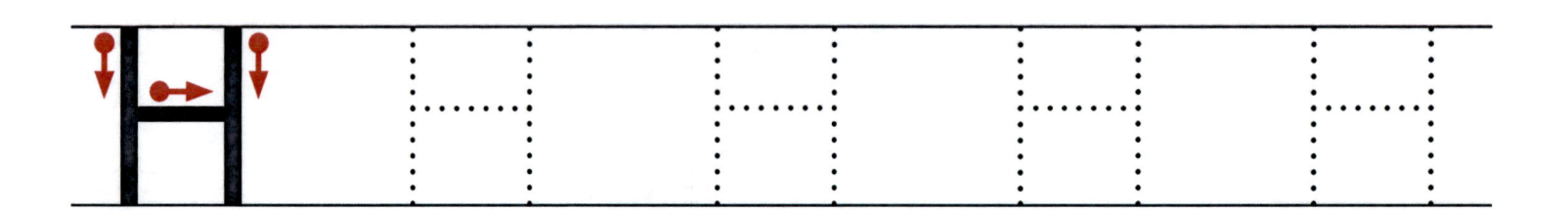

LIÇÃO 63

CIRCULE QUEM BATEU À PORTA, DE ACORDO COM A PARLENDA QUE VOCÊ OUVIU.

CIRCULE AS FIGURAS QUE TÊM O NOME INICIADO COM A LETRA **H**.

HIPOPÓTAMO **HELICÓPTERO** **HOMEM**

OVO **ESTOJO** **HOSPITAL**

LIÇÃO 64

OBSERVE O NOME DE CADA FIGURA. DEPOIS, PINTE NO QUADRO A PALAVRA IGUAL.

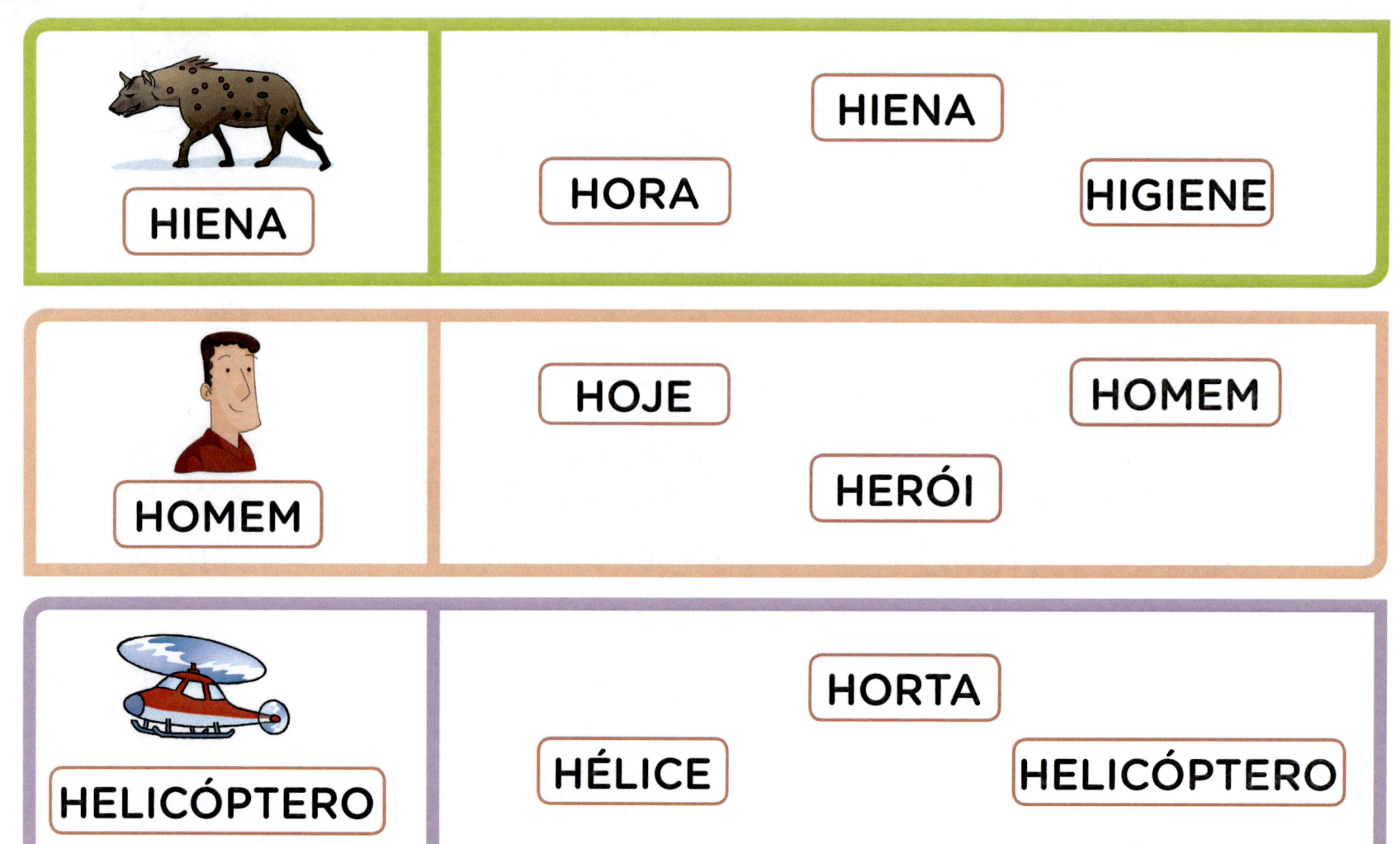

HIENA	HIENA / HORA / HIGIENE
HOMEM	HOJE / HOMEM / HERÓI
HELICÓPTERO	HORTA / HÉLICE / HELICÓPTERO

LIÇÃO 65

CUBRA O PONTILHADO DA LETRA **J**.

J
j

J
j

J
JANELA

VAMOS CANTAR?

A JANELINHA

A JANELINHA FECHA
QUANDO ESTÁ CHOVENDO.
A JANELINHA ABRE
SE O SOL ESTÁ APARECENDO.
PRA LÁ, PRA CÁ,
PRA LÁ, PRA CÁ, PRA LÁ.

CANTIGA.

LIÇÃO 66

CIRCULE A PARTE DA CASA QUE ABRE E FECHA, DE ACORDO COM A CANTIGA.

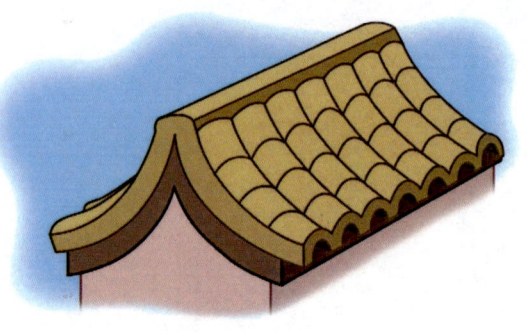

PINTE AS FIGURAS QUE TÊM O NOME INICIADO COM A LETRA **J**.

JUMENTO 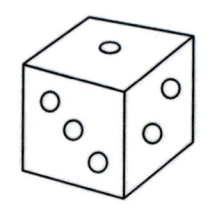 **DADO**  **BOLA**  **JIPE**

LIÇÃO 67

LIGUE A LETRA **J** ÀS FIGURAS CUJOS NOMES INICIAM COM ELA.

JACA

JUJUBA

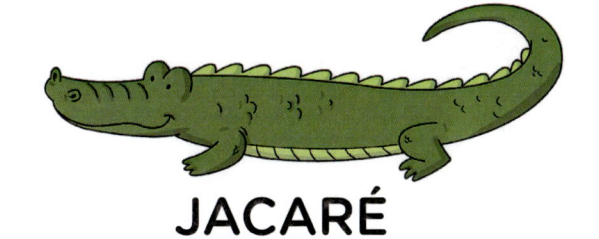

J

GOLFINHO

JOGO

LARANJA

JACARÉ

JANGADA

LIÇÃO 68

OUÇA A LEITURA DA RECEITA DE VITAMINA QUE A PROFESSORA VAI FAZER.

K K
k k

K
KIWI

RECEITA

VITAMINA DE KIWI E BANANA

INGREDIENTES:
4 KIWIS
2 BANANAS
2 COLHERES DE SOPA DE MEL
1 IOGURTE NATURAL
1 COPO DE LEITE

PREPARAÇÃO:
DESCASQUE AS FRUTAS E COLOQUE-AS NO LIQUIDIFICADOR. JUNTE O MEL, O IOGURTE E O LEITE E TRITURE BEM.

CUBRA O PONTILHADO DA LETRA **K**.

K K K K K K K

76

LIÇÃO 69

CIRCULE OS INGREDIENTES QUE FAZEM PARTE DA RECEITA.

PINTE A LETRA **K** DO NOME DE CADA CRIANÇA.

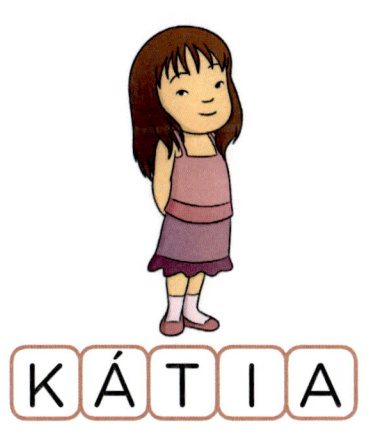

KLÉBER   KÁTIA   KAUAN

LIÇÃO 70

CUBRA O PONTILHADO DA LETRA **L**.

L L
l l

EGOR RODYNCHENKO/SHUTTERSTOCK

LIMÃO

VAMOS CANTAR?

MEU LIMÃO

MEU LIMÃO, MEU LIMOEIRO
MEU PÉ DE JACARANDÁ!
UMA VEZ, TIN-DO-LELÊ
OUTRA VEZ, TIN-DO-LALÁ.

CANTIGA POPULAR.

LIÇÃO 71

PINTE A FRUTA QUE FAZ PARTE DO TEXTO DA CANTIGA.

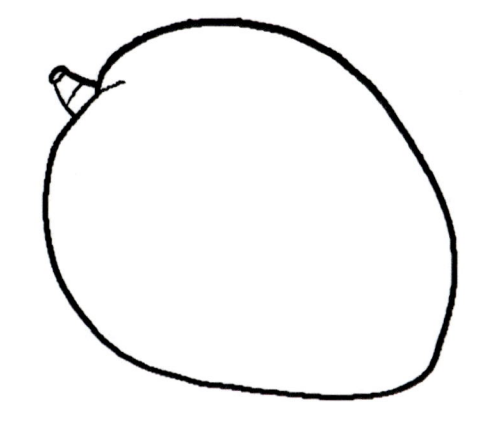

LARANJA   **LIMÃO**   **MANGA**

ACOMPANHE A LEITURA QUE A PROFESSORA VAI FAZER. DEPOIS, PINTE A RESPOSTA DA ADIVINHA.

O QUE É, O QUE É...

TEM NA LATA, TEM NO LAGO
NA LARANJA E NO LIMÃO
TEM NOS LÁBIOS DA DULCINHA
NA LAGARTA E NO LEITÃO.

A LETRA O

A LETRA L

LIÇÃO 72

LIGUE AS FIGURAS QUE TÊM O NOME INICIADO COM O MESMO SOM.

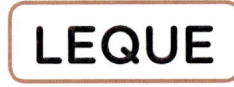

LUA	LARANJA
LOBO	LIVRO
LATA	LEME
LEQUE	LUVA
LIMÃO	LOJA

LIÇÃO 73

CUBRA O PONTILHADO DA LETRA **M**.

M m
m m

M
MINHOCA

VAMOS CANTAR?

A MINHOCA

MINHOCA, MINHOCA,
ME DÁ UMA BEIJOCA!
NÃO DOU, NÃO DOU.
ENTÃO VOU RESPEITAR!

MINHOCO, MINHOCO,
VOCÊ É MUITO FOFO!
BEIJO NÃO PODE SER ROUBADO!
É BOM SER RESPEITADO.

(DOMÍNIO PÚBLICO)

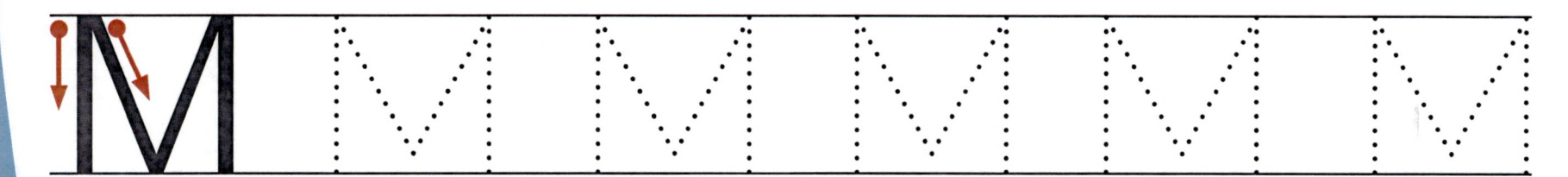

M M M M M M

LIÇÃO 74

RISQUE O TÍTULO DA CANTIGA.

| A MACACA | A MINHOCA | A MOSCA |

PINTE OS PERSONAGENS QUE ESTÃO CONVERSANDO NA CANTIGA.

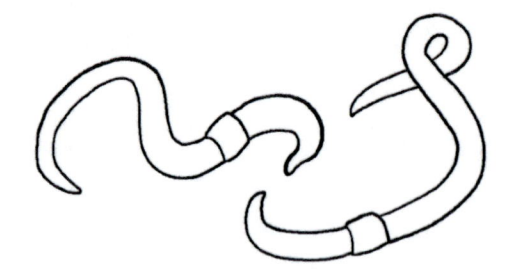

CIRCULE AS FIGURAS QUE TÊM O NOME INICIADO PELA LETRA **M**.

MENINO    MULA    LUA    MALA

LIÇÃO 75

CIRCULE A LETRA **M** NAS PALAVRAS A SEGUIR.

MAMADEIRA	MAMÃO	CAMELO
MICO	MÉDICO	MOTO

LIÇÃO 76

CUBRA O PONTILHADO DA LETRA **N**.

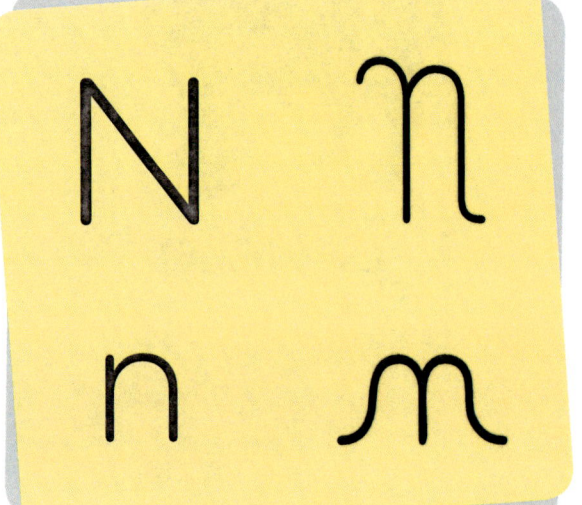

N n
n n

N
NOÉ

VAMOS CANTAR?

A ARCA DE NOÉ

LÁ VEM O SEU NOÉ,
COMANDANDO O BATALHÃO,
MACACO VEM SENTADO
NA CORCUNDA DO LEÃO.

O GATO FAZ MIAU, MIAU, MIAU
O CACHORRO LULU, UAU, UAU, UAU, UAU,
O PERU FAZ GLÚ, GLÚ,
O CARNEIRO FAZ MÉ,
E O GALO GARNIZÉ,
QUERÉ, QUERÉ, QUERÉ, QUERÉ.

(DOMÍNIO PÚBLICO)

N N N N N N

LIÇÃO 77

PINTE OS ANIMAIS QUE FAZEM PARTE DO BATALHÃO DE SEU NOÉ.

CIRCULE AS FIGURAS QUE TÊM O NOME INICIADO PELA LETRA **N**.

| NOVELO | CAVALO | NAVIO | BONECA | NUVEM | NOVE |

85

LIÇÃO 78

OBSERVE O NOME DE CADA FIGURA. DEPOIS, PINTE NO QUADRO A PALAVRA IGUAL.

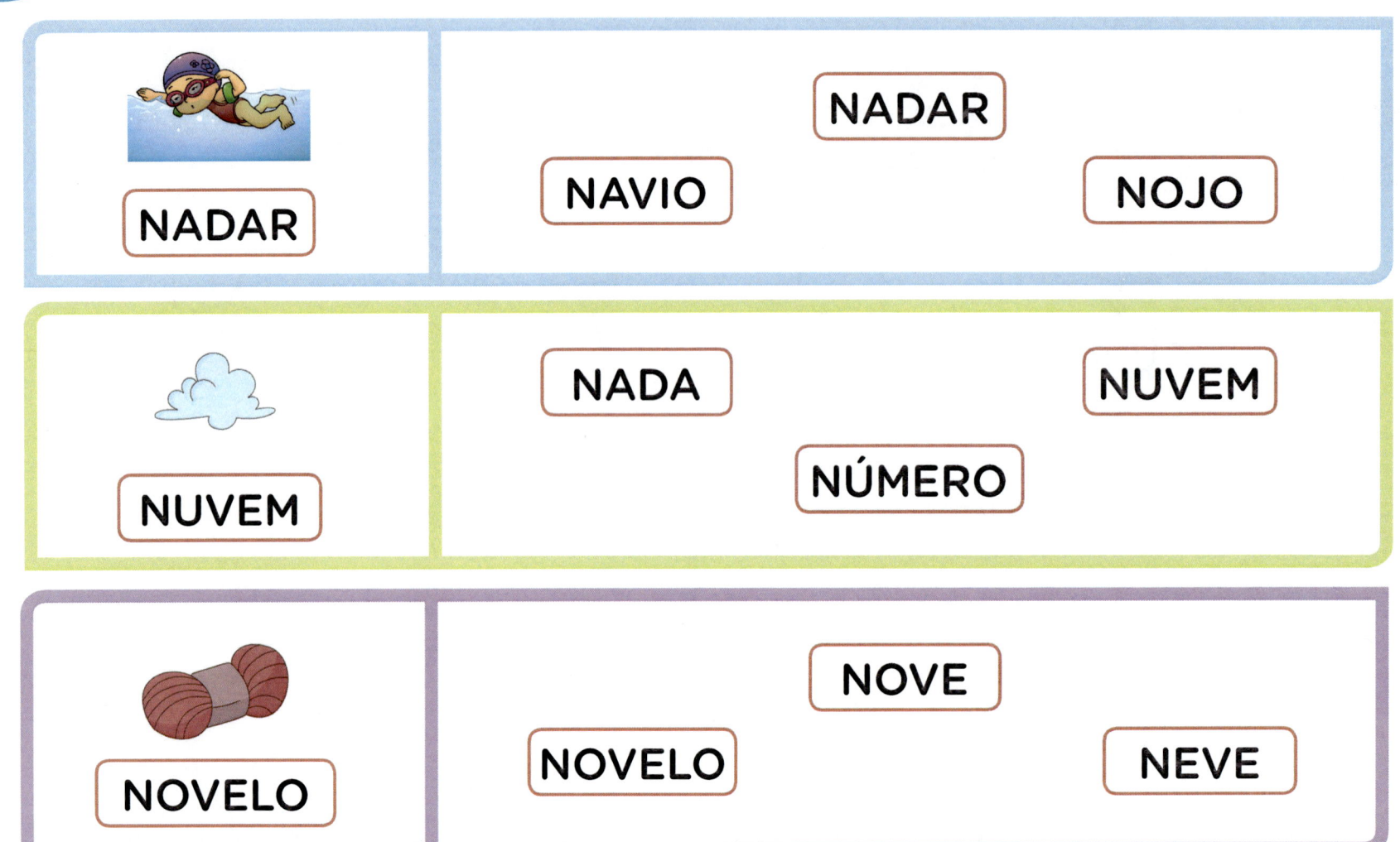

NADAR — NADAR / NAVIO / NOJO

NUVEM — NADA / NUVEM / NÚMERO

NOVELO — NOVE / NOVELO / NEVE

LIÇÃO 79

CUBRA O PONTILHADO DA LETRA **P**.

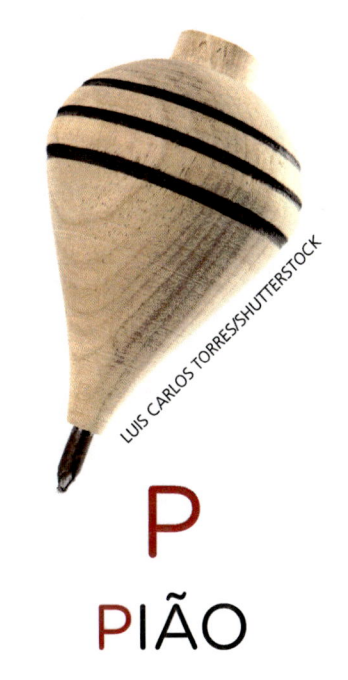

P p
p p

P
PIÃO

VAMOS CANTAR?

O PIÃO ENTROU NA RODA, Ó PIÃO!
O PIÃO ENTROU NA RODA, Ó PIÃO!
RODA, Ó PIÃO! BAMBEIA, Ó PIÃO!
RODA, Ó PIÃO! BAMBEIA, Ó PIÃO!

(DOMÍNIO PÚBLICO)

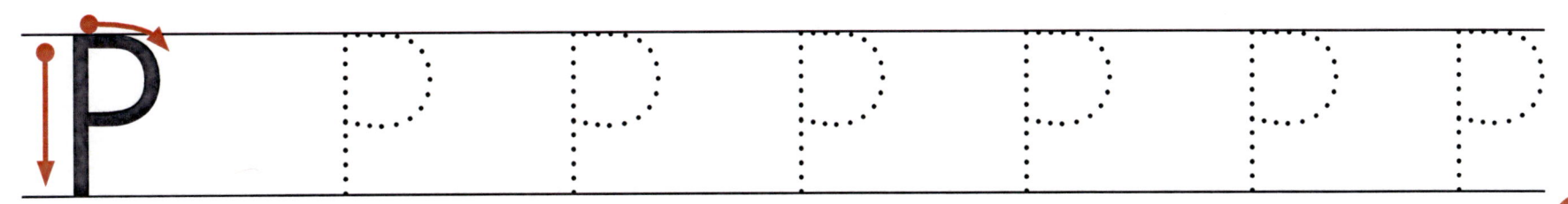

LIÇÃO 80

CIRCULE O BRINQUEDO CITADO NA CANTIGA.

CONTE QUANTAS LETRAS TEM A PALAVRA **PIÃO**. FAÇA TRACINHOS PARA REPRESENTAR A QUANTIDADE.

PIÃO

PINTE AS FIGURAS QUE TÊM O NOME INICIADO PELA LETRA **P**.

PETECA  **PALHAÇO**  **GATO**  **PIRULITO**

LIÇÃO 81

OUÇA A LEITURA DAS PALAVRAS E LIGUE A LETRA **P** ÀS FIGURAS QUE TÊM O NOME INICIADO POR ESSA LETRA.

PIPOCA

PEIXE

PANELA

PENA

P

APITO

PÉ

PUDIM

PORCO

PAPAGAIO

LIÇÃO 82

CUBRA O PONTILHADO DA LETRA **Q**.

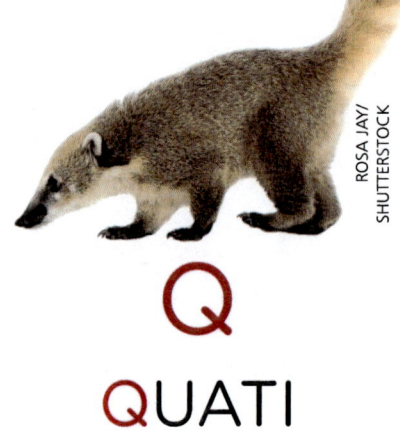

Q Q
q q

Q
QUATI

VAMOS RECITAR?

QUATI

QUATI POR AQUI
QUASE NÃO SE VÊ.
AMIGO QUATI,
ONDE ESTÁ VOCÊ?

NÍLSON JOSÉ MACHADO. *BICHIONÁRIO*.
SÃO PAULO: ESCRITURAS, 2010.

LIÇÃO 83

CIRCULE O ANIMAL CITADO NO POEMA.

OUÇA A LEITURA DAS PALAVRAS. LIGUE CADA PALAVRA À IMAGEM CORRESPONDENTE.

QUADRO

QUATI

QUEIJO

LIÇÃO 84

PINTE A LETRA INICIAL DO NOME DE CADA FIGURA.

QUEIJO	QUIABO	QUATI

Q A R   C Q N   G O Q

ESCREVA NO QUADRO A LETRA QUE VOCÊ PINTOU.

LIÇÃO 85

CUBRA O PONTILHADO DA LETRA **R**.

R R
r r

R
RATO

VAMOS RECITAR?

O RATO ROEU

O RATO ROEU A ROUPA
DO REI DE ROMA,
A RAINHA COM RAIVA
RESOLVEU REMENDAR
O RATO ROEU A ROUPA
DO REI DA RÚSSIA,
O RATO A ROER ROÍA.
E A ROSA RITA RAMALHO
DO RATO A ROER SE RIA.

(DOMÍNIO PÚBLICO)

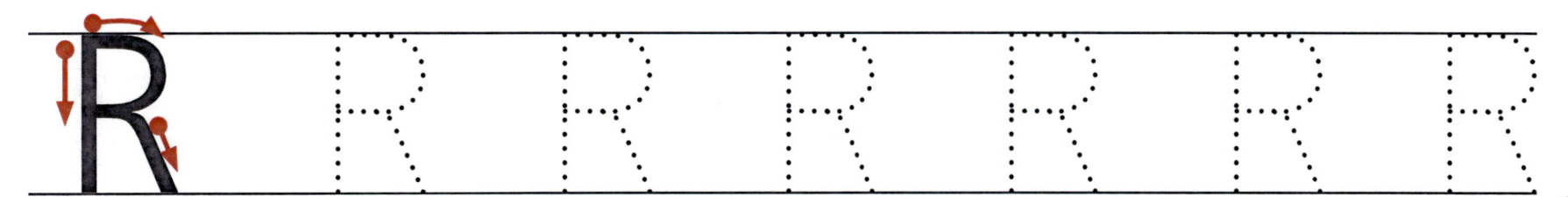

R R R R R R R

LIÇÃO 86

CIRCULE O ANIMAL QUE ROEU A ROUPA DO REI.

CIRCULE QUEM REMENDOU A ROUPA DO REI DE ROMA.

COMPLETE O NOME DAS FIGURAS COM A LETRA **R**.

____ATO

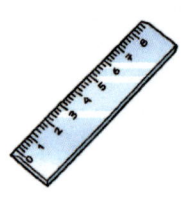

____ÉGUA

____ELÓGIO

____AQUETE

94

LIÇÃO 87

PINTE AS FIGURAS QUE TÊM O NOME INICIADO PELA LETRA **R**.

| REI | RITA | ROSA | PIANO |

| REDE | PERA | RATO | RAFAEL |

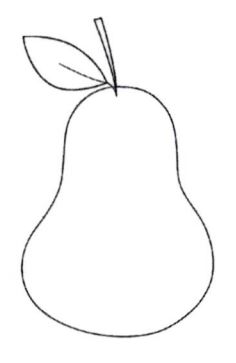

LIÇÃO 88

CUBRA O PONTILHADO DA LETRA **S**.

S APO

VAMOS CANTAR?

SAPO CURURU

SAPO CURURU
NA BEIRA DO RIO,
QUANDO O SAPO GRITA, Ó MANINHA,
DIZ QUE ESTÁ COM FRIO.
A MULHER DO SAPO
É QUEM ESTÁ LÁ DENTRO.
FAZENDO RENDINHA, Ó MANINHA,
PARA O CASAMENTO.

(DOMÍNIO PÚBLICO)

LIÇÃO 89

COMO O SAPO ESTAVA NA BEIRA DO RIO? PINTE.

DESENHE A MULHER DO SAPO.

CIRCULE A FIGURA QUE TEM O NOME INICIADO COM O MESMO SOM DE **SAPO**.

SAPATO

SOFÁ

SINO

97

LIÇÃO 90

COMPLETE O QUADRO COM A LETRA INICIAL E FINAL DE CADA PALAVRA.

	LETRA INICIAL	LETRA FINAL
SAPO		
SORVETE		
SOPA		
SALADA		

LIÇÃO 91

CUBRA O PONTILHADO DA LETRA **T**.

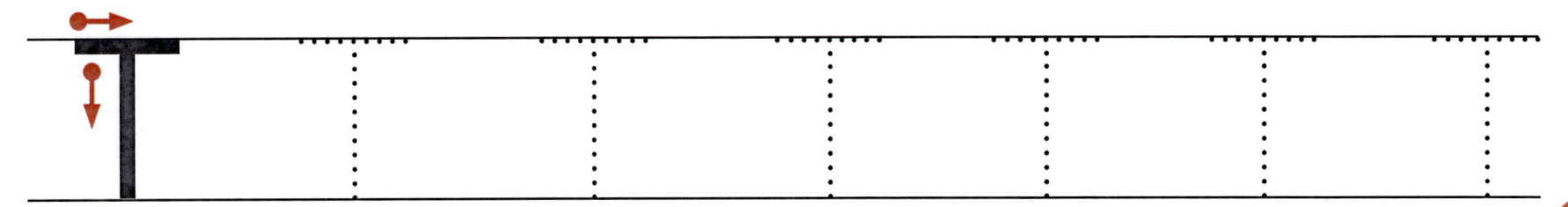

T T
t t

T
TATU

VAMOS RECITAR?

– ALÔ, O TATU TAÍ?
– NÃO, O TATU NÃO TÁ.
MAS A MULHER DO TATU TANDO
É O MESMO QUE O TATU TÁ.
– ENTÃO TÁ!

(DOMÍNIO PÚBLICO)

LIÇÃO 92

PINTE O ANIMAL COM QUEM QUERIAM FALAR AO TELEFONE.

CIRCULE O MEIO DE COMUNICAÇÃO QUE FOI UTILIZADO PARA FALAR COM O TATU.

PINTE, COM A MESMA COR, OS QUADRINHOS DAS PALAVRAS QUE COMEÇAM COM O MESMO SOM.

| TELEVISÃO | TOALHA | TAPETE |
| TATU | TELEFONE | TOMATE |

100

LIÇÃO 93

OBSERVE A FIGURA EM DESTAQUE. DEPOIS, PINTE AS FIGURAS CUJOS NOMES INICIAM COM O MESMO SOM.

TESOURA

TIME

TÁXI

LIÇÃO 94

CUBRA O PONTILHADO DA LETRA **V**.

V v
V v

VACA

VAMOS RECITAR?

EU TENHO UMA VACA LEITEIRA
QUE DÁ LEITE DE TODA MANEIRA.
COM O LEITE DA VACA MALHADA
FAÇO QUEIJO E COALHADA.

(DOMÍNIO PÚBLICO)

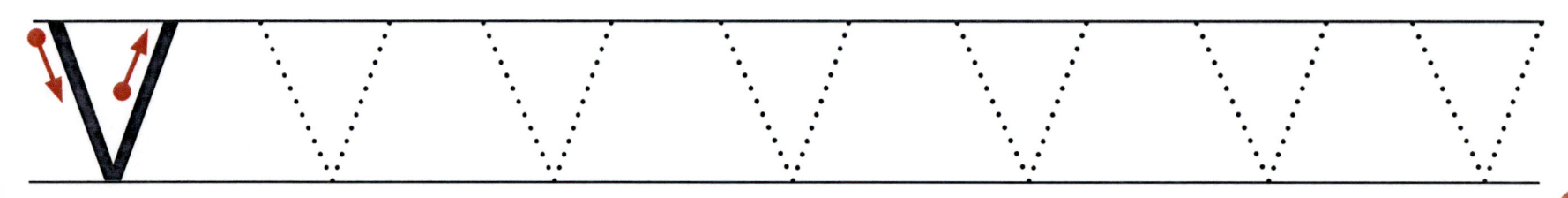

LIÇÃO 95

PINTE O ANIMAL CITADO NA QUADRINHA.

ENCONTRE A LETRA **V** NAS PALAVRAS E PINTE-AS.

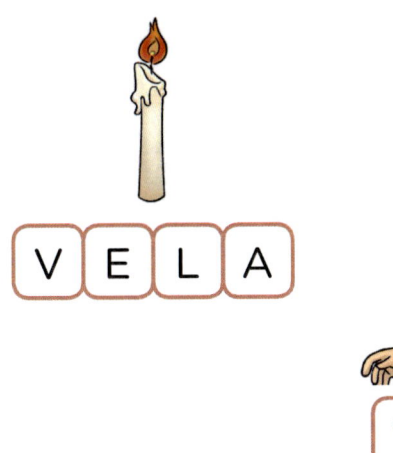

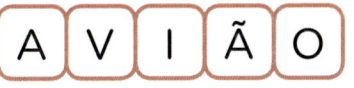

V E L A

V O V Ó

A V I Ã O

V I O L Ã O

103

LIÇÃO 96

COMPLETE AS PALAVRAS COM A LETRA **V**. DEPOIS, COLE OS ADESIVOS DA PÁGINA 153 AO LADO DA PALAVRA CORRESPONDENTE.

___ ASO

___ ACA

___ ESTIDO

CA ___ ALO

RE ___ ISTA

ÁR ___ ORE

LIÇÃO 97

CUBRA O PONTILHADO DA LETRA **W**.

W w
W w

W
WILLIAM

VAMOS RECITAR?

COM **W** ESCREVO NOMES DE GENTE COMO WILLIAM E WILMA E NÃO ACHO DIFERENTES.

(DOMÍNIO PÚBLICO)

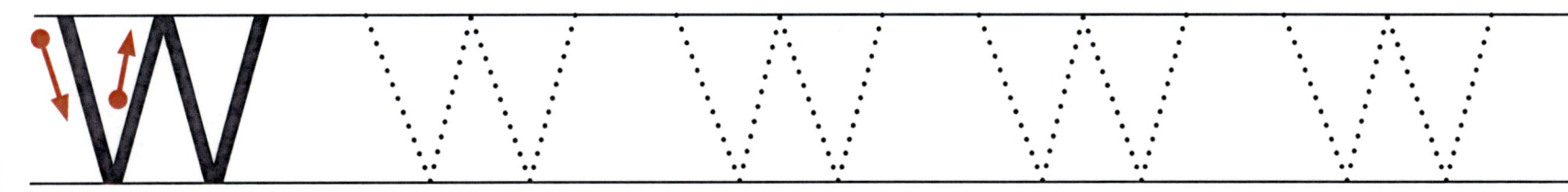

105

LIÇÃO 98

PINTE A LETRA CITADA NO TEXTO.

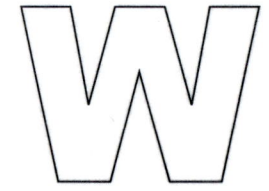

M W

CONTE E ESCREVA QUANTOS NOMES DE PESSOAS SÃO CITADOS NO TEXTO.

☐

PINTE A LETRA **W** DO NOME DE CADA CRIANÇA.

WANDA   WAGNER   WILMA   WILSON

LIÇÃO 99

CUBRA O PONTILHADO DA LETRA **X**.

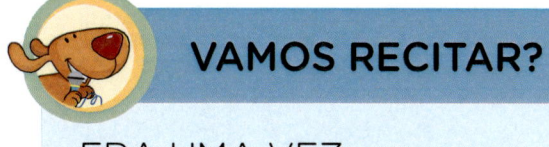

X x
X x

XADREZ

VAMOS RECITAR?

ERA UMA VEZ
UM GATO XADREZ
CAIU DA JANELA
E FOI SÓ UMA VEZ.

BIA VILELLA. *ERA UMA VEZ UM GATO XADREZ...* SÃO PAULO: ESCALA EDUCACIONAL.

LIÇÃO 100

PINTE O GATO XADREZ.

XADREZ TAMBÉM É O NOME DE UM JOGO. CIRCULE O JOGO DE XADREZ.

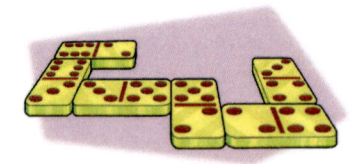

COMPLETE AS PALAVRAS COM A LETRA **X**.

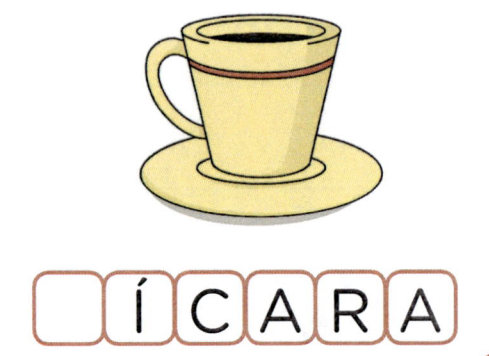

☐ A L E   ☐ A D R E Z   ☐ Í C A R A

LIÇÃO 101

CIRCULE AS FIGURAS QUE TÊM O NOME INICIADO PELA LETRA **X**.

| XILOFONE | ABACAXI | 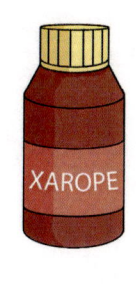 XAROPE |
|----------|---------|--------|//
| MEXERICA | XIS | XÊNIA |

109

LIÇÃO 102

CUBRA O PONTILHADO DA LETRA **Y**.

Y
y

Y
y

Y
YURI

VAMOS RECITAR?

O **Y** É UMA LETRA DIFERENTE QUE TEM O SOM DO **I**.
COM ELA ESCREVEMOS VÁRIOS NOMES COMO YURI, YOLANDA E YASMIN.

QUADRINHA.

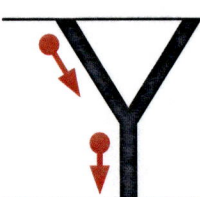

Y Y Y Y Y Y

LIÇÃO 103

PINTE A VOGAL QUE TEM O MESMO SOM DA LETRA **Y**.

A   I   U

PINTE A LETRA **Y** DO NOME DE CADA CRIANÇA.

YURI   YASMIM   YOLANDA

LIÇÃO 104

CUBRA O PONTILHADO DA LETRA **Z**.

Z z
Z z

KWADRAT/SHUTTERSTOCK

Z
ZEBRA

VAMOS RECITAR?

BOA NOITE

A ZEBRA QUIS
IR PASSEAR
MAS A INFELIZ
FOI PARA A CAMA

— TEVE QUE SE DEITAR
PORQUE ESTAVA DE PIJAMA.

SIDÓNIO MURALHA. *A TELEVISÃO DA BICHARADA*. SÃO PAULO: GLOBAL, 2003.

Z

LIÇÃO 105

DE ACORDO COM O TEXTO PARA ONDE A ZEBRA TEVE QUE IR? MARQUE UM /.

PINTE COMO A ZEBRA ESTAVA VESTIDA.

PINTE AS FIGURAS QUE TÊM O NOME INICIADO PELA LETRA **Z**.

| ZABUMBA | MESA | ZÍPER | ZEBRA |

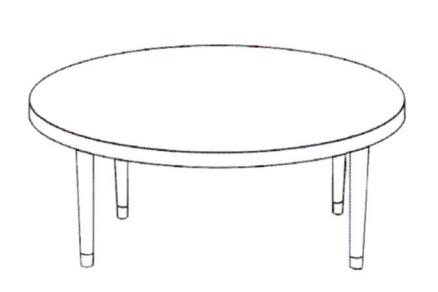

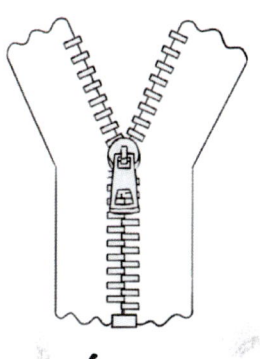

113

LIÇÃO 106

TRACE O CAMINHO DA ZEBRA ATÉ A CHEGADA, PASSANDO SOMENTE PELA LETRA **Z**.

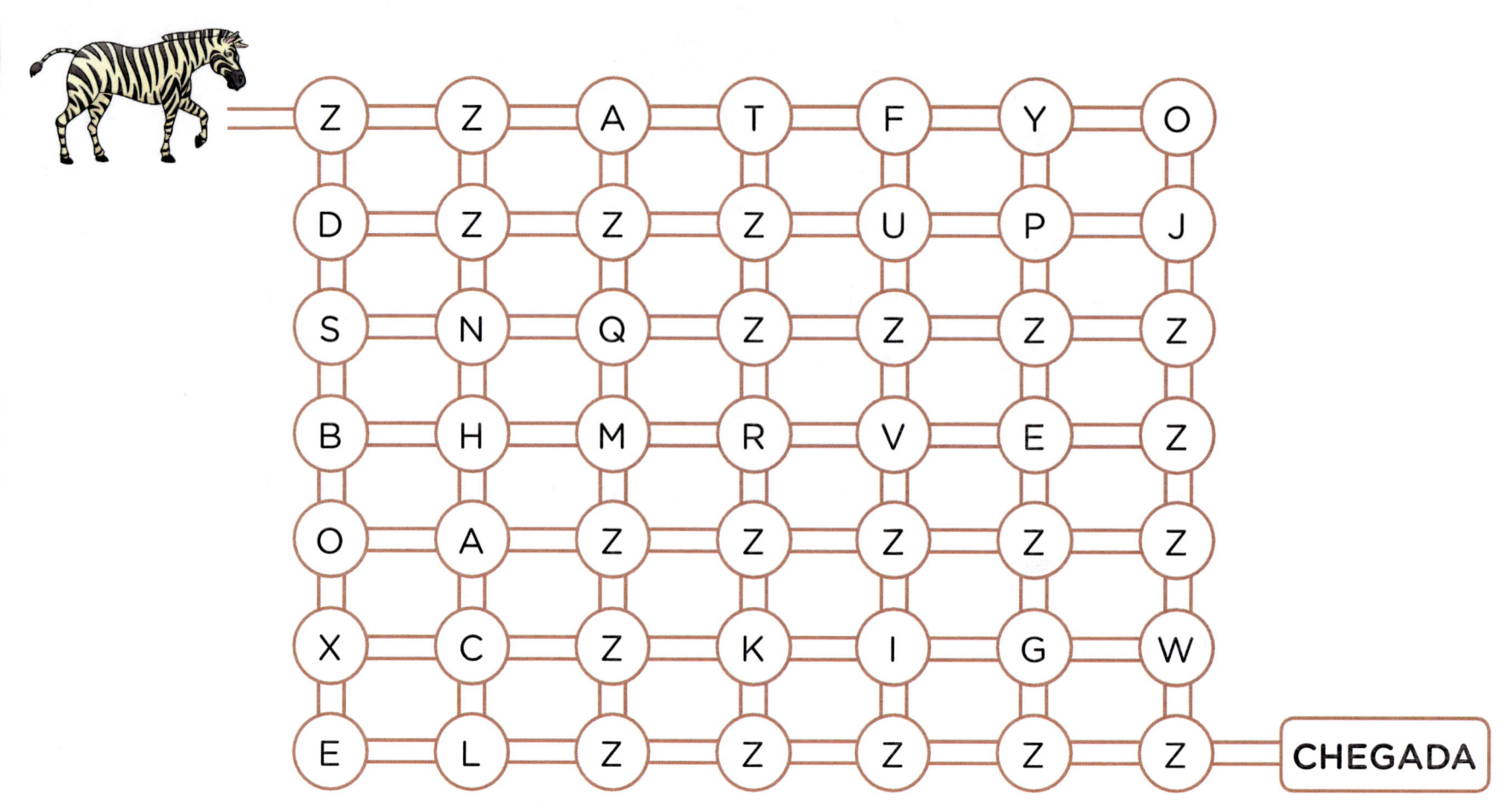

LIÇÃO 107

COLE A HISTÓRIA EM QUADRINHOS NA ORDEM CORRETA. USE OS ADESIVOS DA PÁGINA 154. DEPOIS, PENSE EM UMA HISTÓRIA SOBRE ESSAS CENAS E CONTE PARA OS COLEGAS E A PROFESSORA.

1

2

3

LIÇÃO 108

OBSERVE AS CENAS E OUÇA A HISTÓRIA QUE A PROFESSORA VAI CONTAR. DEPOIS, PINTE DE LARANJA O QUADRINHO QUE MOSTRA O INÍCIO DA HISTÓRIA E DE AZUL O QUADRINHO QUE MOSTRA O FIM DA HISTÓRIA.

LIÇÃO 109

ESCUTE COM ATENÇÃO AS ADIVINHAS E CIRCULE AS FIGURAS QUE CORRESPONDEM ÀS RESPOSTAS DE CADA UMA DELAS.

O QUE É, O QUE É?
ENCHE UMA CASA, MAS NÃO ENCHE UMA MÃO.

O QUE É, O QUE É?
TEM COROA E NÃO É REI.

O QUE É, O QUE É?
TEM BICO E NÃO É AVE.
TEM ASA, MAS NÃO VOA.

LIÇÃO 110

VOCÊ JÁ CONHECE TODO O ALFABETO. COPIE AS LETRAS NOS QUADROS.

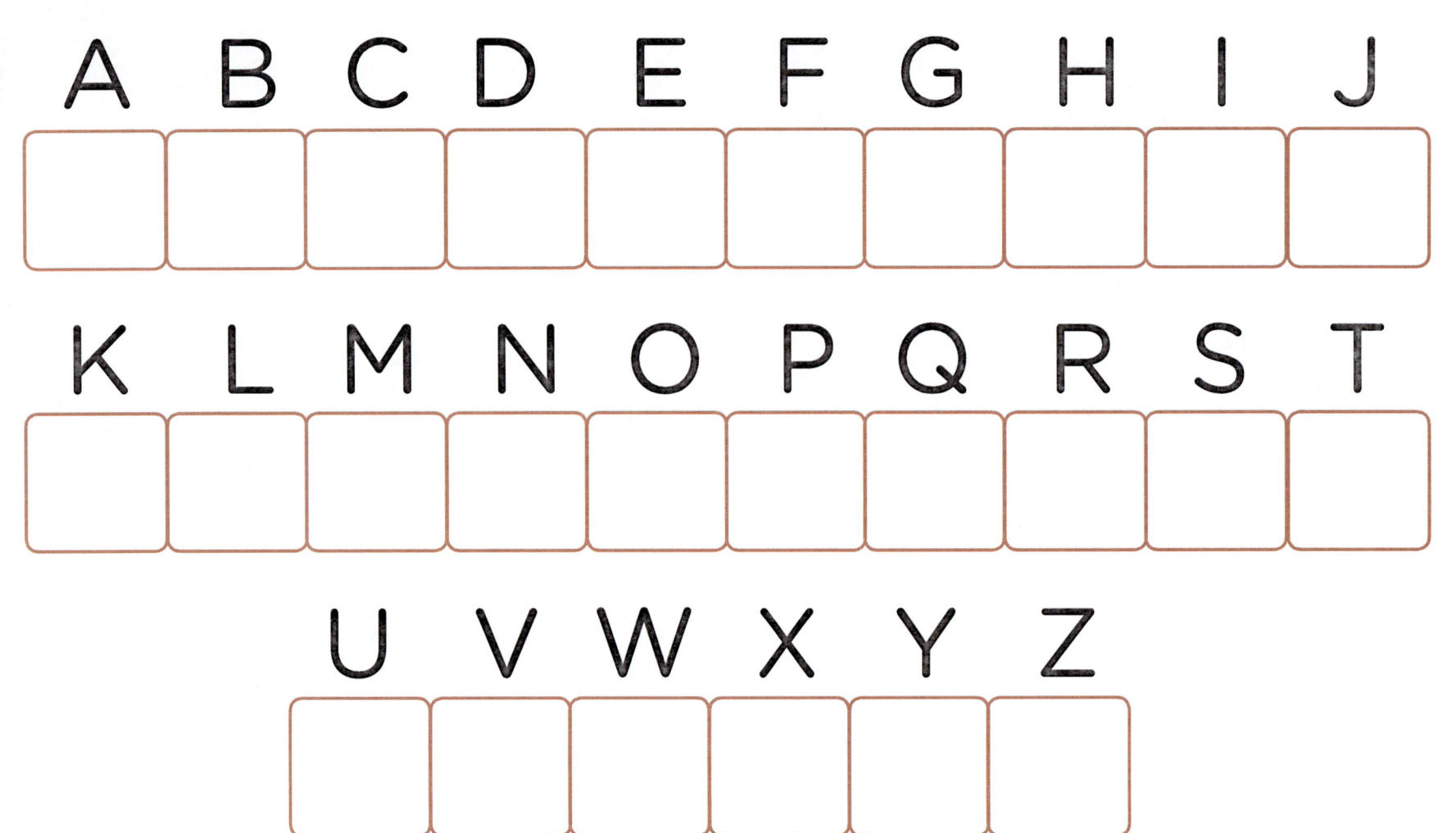

A B C D E F G H I J

K L M N O P Q R S T

U V W X Y Z

LIÇÃO 111

O NOME IDENTIFICA AS PESSOAS. RECORTE DE JORNAIS OU REVISTAS AS LETRAS QUE FORMAM SEU NOME. DEPOIS, COLE-AS NA ORDEM EM QUE APARECEM NO SEU NOME. USE SEU CRACHÁ COMO MODELO.

LIÇÃO 112

VOCÊ APRENDEU QUE PODE FORMAR PALAVRAS COM AS LETRAS. ESCREVA NO QUADRO ALGUMAS PALAVRAS QUE VOCÊ JÁ SABE.

ALMANAQUE

HISTÓRIA EM QUADRINHOS

OBSERVE AS CENAS. NUMERE-AS NA ORDEM DOS ACONTECIMENTOS. DEPOIS, PINTE AQUELA QUE REPRESENTA O FINAL DA HISTÓRIA.

CONTE A HISTÓRIA PARA SEUS COLEGAS.

QUEBRA-CABEÇA

RECORTE AS PEÇAS DO QUEBRA-CABEÇA. DEPOIS, MONTE-O. INVENTE UMA HISTÓRIA A PARTIR DA CENA QUE VOCÊ MONTOU. CONTE-A PARA SEUS COLEGAS.

QUEBRA-CABEÇA

FAÇA O SEU QUEBRA-CABEÇA. DESENHE UMA CENA BEM COLORIDA NO QUADRO ABAIXO. DEPOIS, RECORTE NA LINHA PONTILHADA. VIRE A CENA E RECORTE NOVAMENTE NAS LINHAS PONTILHADAS.

ALMANAQUE

Parte integrante da coleção **Eu gosto m@is** – Educação Infantil – Linguagem – volume 2 – IBEP.

CRACHÁ

COLAR FOTO 3 × 4

Parte integrante da coleção **Eu gosto m@is** – Educação Infantil – Linguagem – volume 2 – IBEP.

JOGO DA MEMÓRIA

RECORTE AS PEÇAS DO JOGO DA MEMÓRIA E BRINQUE COM SEUS COLEGAS.

ALMANAQUE

A E I O U

Parte integrante da coleção **Eu gosto m@is** - Educação Infantil - Linguagem - volume 2 - IBEP.

RECORTE E COLE NO QUADRO FIGURAS CUJOS NOMES INICIEM COM A VOGAL EM DESTAQUE.

A

RECORTE E COLE NO QUADRO FIGURAS CUJOS NOMES INICIEM COM A VOGAL EM DESTAQUE.

E

ALMANAQUE

RECORTE E COLE NO QUADRO FIGURAS CUJOS NOMES INICIEM COM A VOGAL EM DESTAQUE.

ALMANAQUE

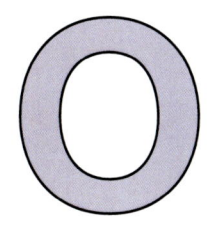

RECORTE E COLE NO QUADRO FIGURAS CUJOS NOMES INICIEM COM A VOGAL EM DESTAQUE.

O

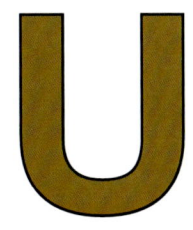

RECORTE E COLE NO QUADRO FIGURAS CUJOS NOMES INICIEM COM A VOGAL EM DESTAQUE.

U

PASSE O DEDO INDICADOR NA TINTA E FAÇA O MOVIMENTO SOBRE A VOGAL a.

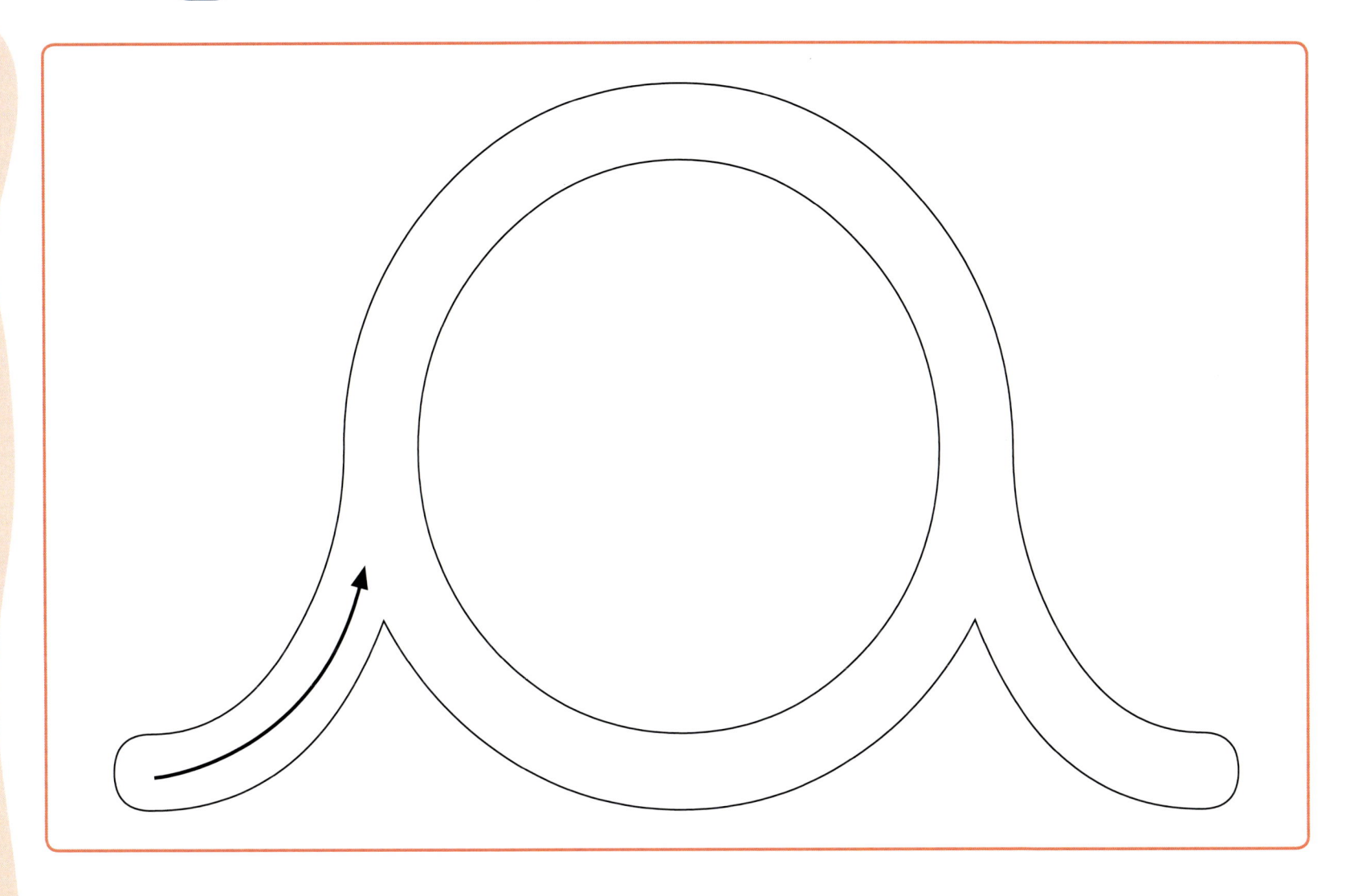

PASSE O DEDO INDICADOR NA TINTA E FAÇA O MOVIMENTO SOBRE A VOGAL ℓ.

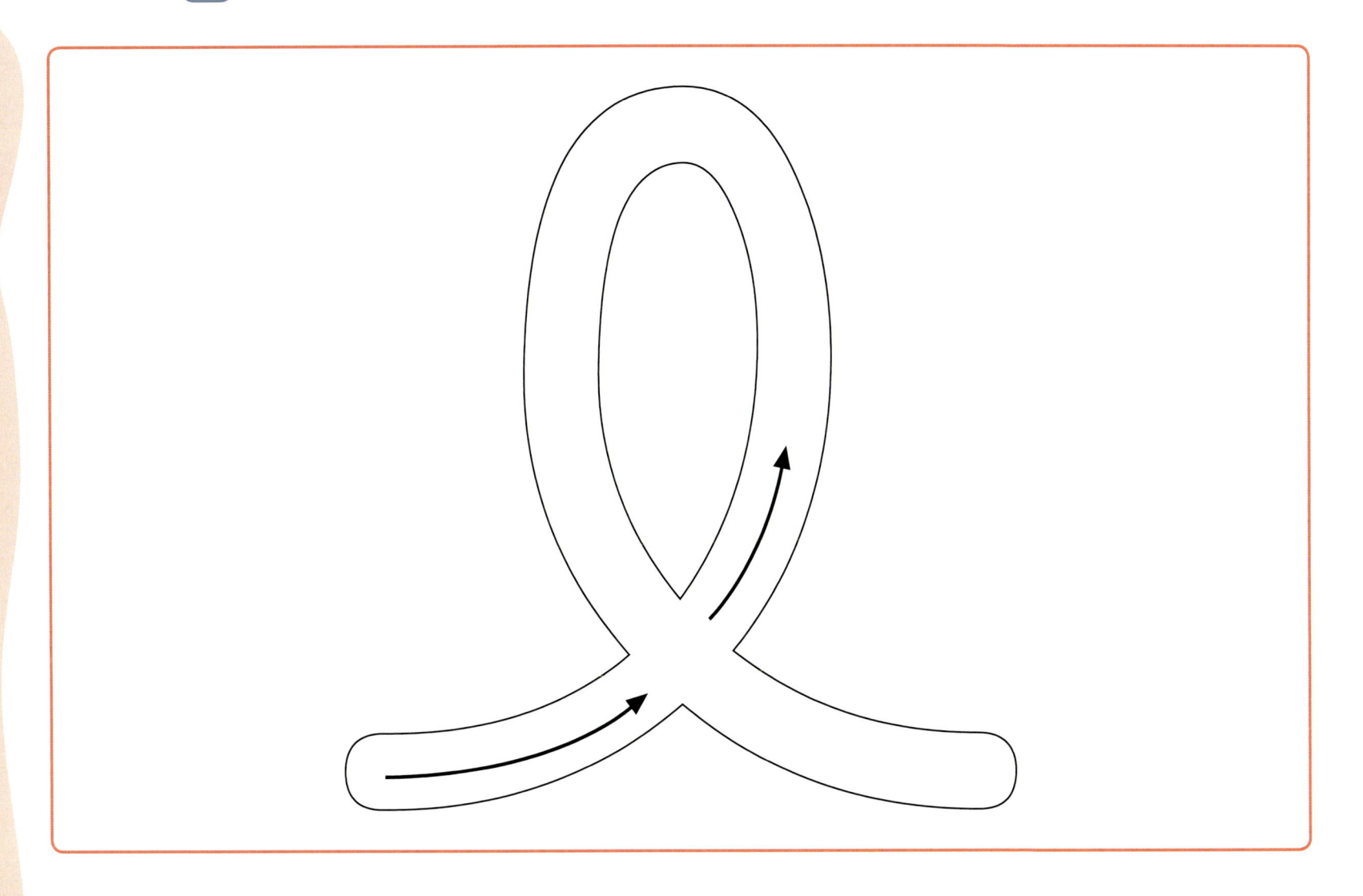

Parte integrante da coleção **Eu gosto m@is** – Educação Infantil – Linguagem – volume 2 – IBEP.

PASSE O DEDO INDICADOR NA TINTA E FAÇA O MOVIMENTO SOBRE A VOGAL i.

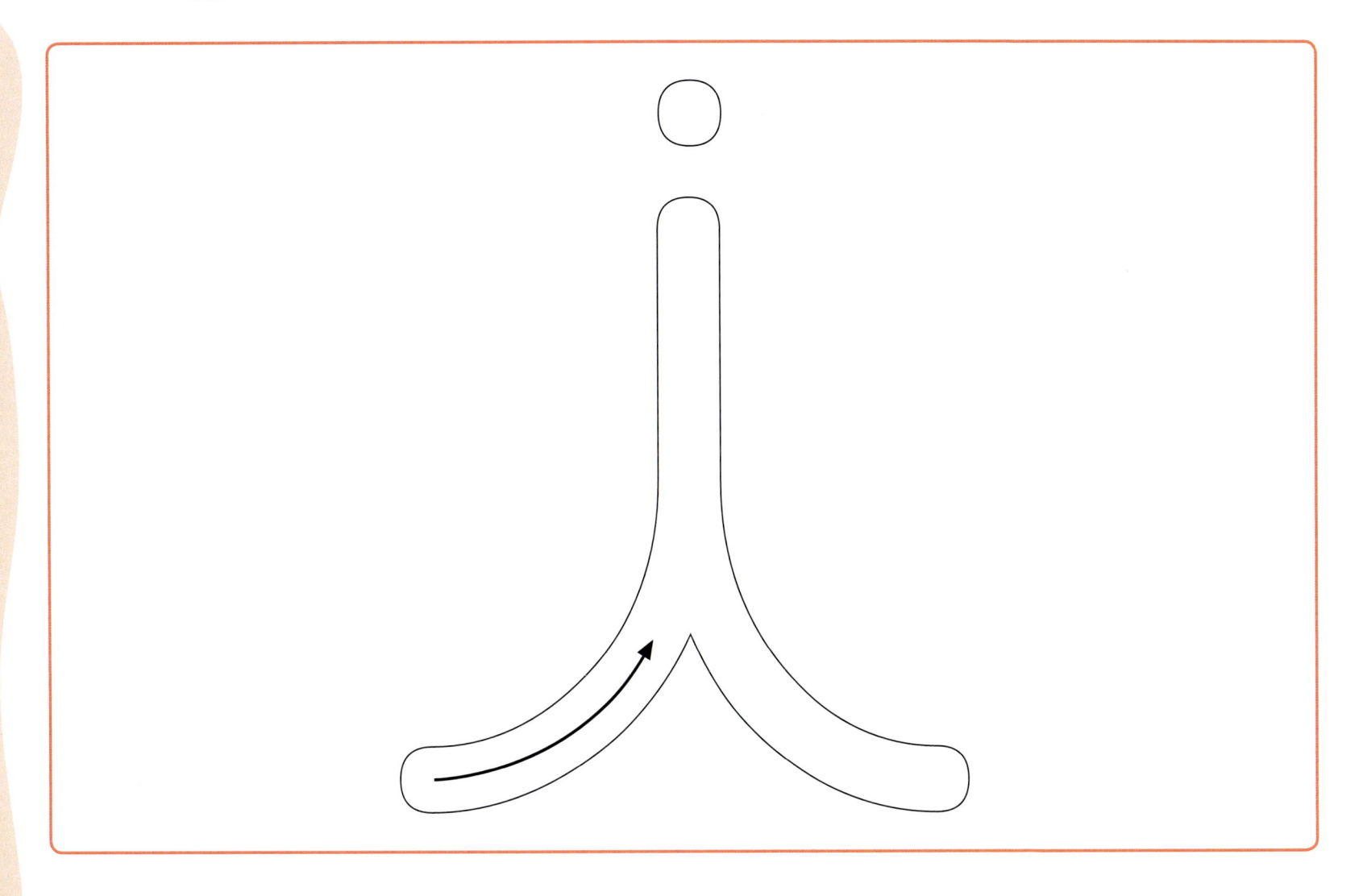

PASSE O DEDO INDICADOR NA TINTA E FAÇA O MOVIMENTO SOBRE A VOGAL .

Parte integrante da coleção **Eu gosto m@is** – Educação Infantil – Linguagem – volume 2 – IBEP.

PASSE O DEDO INDICADOR NA TINTA E FAÇA O MOVIMENTO SOBRE A VOGAL u.

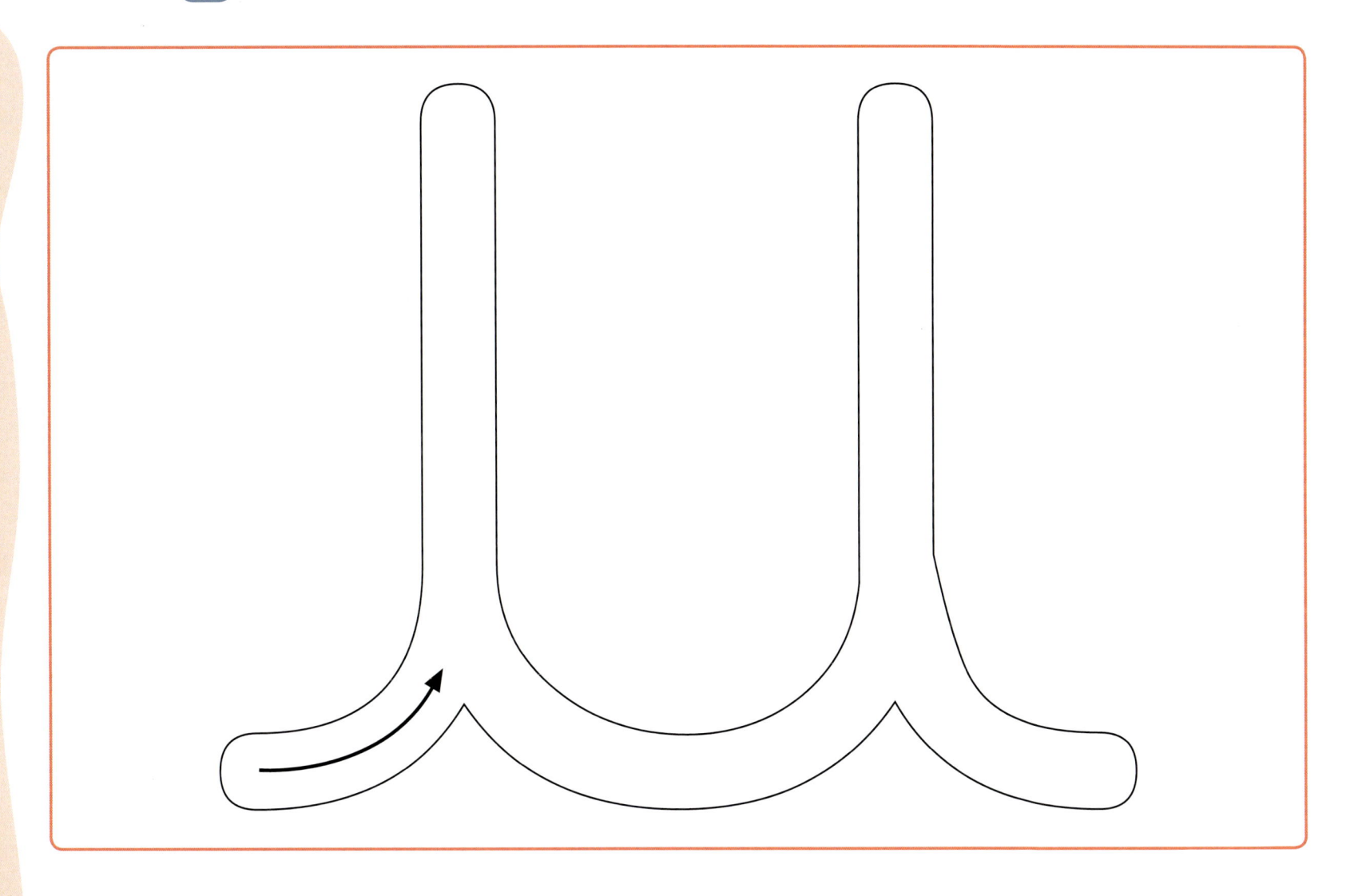

Parte integrante da coleção **Eu gosto m@is** – Educação Infantil – Linguagem – volume 2 – IBEP.

LIÇÃO 42

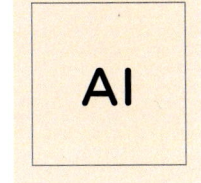

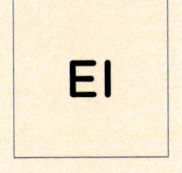

| AI | EU | EI | OI |

LIÇÃO 96

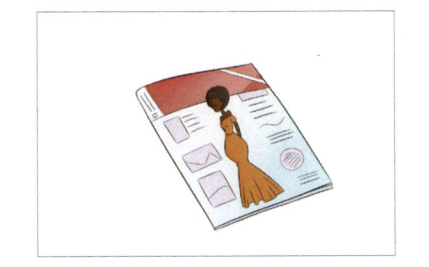

Parte integrante da coleção **Eu gosto m@is** – Educação Infantil – Linguagem – volume 2 – IBEP.

LIÇÃO 107

Parte integrante da coleção **Eu gosto m@is** - Educação Infantil - Linguagem - volume 2 - IBEP.